纪晓岚传奇

郭晓光 —— 著

北京联合出版公司
Beijing United Publishing Co.,Ltd.

图书在版编目（CIP）数据

纪晓岚传奇 / 郭晓光著. —北京：北京联合出版
公司, 2023.10
　ISBN 978-7-5596-6884-4

　Ⅰ.①纪… Ⅱ.①郭… Ⅲ.①纪晓岚（1724—1805）
—传记 Ⅳ.① K825.4

中国国家版本馆 CIP 数据核字（2023）第 085411 号

纪晓岚传奇

作　　者：郭晓光

插图作者：杨瑞崧

出 品 人：赵红仕

出版监制：刘　凯

责任编辑：申　妙

封面设计：万卷九州

内文排版：北京麦莫瑞文化传播有限公司

北京联合出版公司出版

（北京市西城区德外大街83号楼9层 100088）

固安兰星球彩色印刷有限公司印刷　　北京联合天畅文化传播有限公司发行

字数162千字　　787 mm×1092 mm　1/16　13印张

2023年10月第1版　　2023年10月第1次印刷

ISBN 978-7-5596-6884-4

定价：56.00 元

目录

纪晓岚传奇

引子

纪晓岚的一生，充满着传奇和戏谑。

纪公留给后人最突出的特点，不外乎三点：嗜烟、好色、善诗文。

"文化大革命"期间，沧县的"红卫兵"到纪晓岚的故乡崔尔庄刨开了他的坟墓，墓里发现七具尸骨，均为女性，由此推断，这并非纪晓岚与马氏合葬的墓葬，真正的纪晓岚墓并不在这里。而葬在墓中的七个女性，有可能是纪公的姬妾。

另据文字记载，他至少有七个姨太太。对此，纪晓岚自己也毫不隐讳，他曾在《伯兄晴湖公墓志铭》中坦承自己"颇蓄妾媵"，并说他这位年长他十八岁的兄长也认为："妾媵犹在礼法中，并此强禁，必激荡于礼法外矣。"他这位伯兄长认为，既然晓岚喜欢女色，索性便由他广蓄姬妾，总比他瞒着家人去逛妓院强。

在众多姬妾中，纪晓岚最喜欢的是郭氏彩符和沈氏明玕。作为一代通儒的纪晓岚对倍受压榨的妇女寄予深深的同情，对智勇双全的女子充满厚重的敬意，颇富人情味。当然，作为封建士大夫，他又难以摆脱封建礼教的束缚，要求妇女奉孝守节，尽管不像程、朱理学家们那样苛刻，但在节烈、守贞、情爱等涉及女性贞操问题上，经常呈现出自我矛盾的特殊心态。

纪晓岚出生在河间望族，自小聪明过人，顺风顺水，自然免不了狂傲自负，意满志得。

乾隆甲戌十九年，纪晓岚在参加殿试之后，尚未传胪唱晓。有一天他到董邦达府上走动，适逢在座有一位浙江籍的姓徐的文士，善于测字，可预休咎，主动要替晓岚预测一下殿试的结果。

晓岚本来自觉应试成绩不错，对夺魁还是充满了希望，而他对于测字一道，认为是雕虫小技，未必真能据而论断吉凶。但是徐某既然毛遂自荐，出于礼貌，又不好拒绝，他迟疑了一下，正欲提笔，徐某却又说了话：

"且慢，纪兄面带犹豫，想必不信此道，不过前朝有一位鼎鼎大名的测字师鬼谷子，替崇祯帝测字的事，纪兄可曾听过？"

"恕在下寡闻。"纪晓岚被他这么一问，倒觉得不好意思起来。

"无妨，无妨。"

徐某笑容可掬地接着说，"不过这人当然并非战国时代苏秦的老师那位鬼谷，他双目失明，精研测字术，设馆京师，每测必验，名动公卿。"

董邦达在一旁点点头，插嘴说：

"唔，这个人的故事，我小时候听说过。"

"有一天他的事传到了崇祯帝的耳朵里，"徐某说，"他居然一个人悄悄地微服前往探访，说了一个'有'字，要鬼谷子为他测。"

"先生测此字要问何事？"鬼谷子问。

"国家大事。"崇祯帝答。

鬼谷子听了，突然用惊叹的语气说：

"啊！大明江山，去了一半。（按：大明二字各去一半，合起来正好为有字）崇祯帝很不高兴，随即解释说：

"我说的不是这个有字，乃是朋友的友。"

"反贼已出头矣！"鬼谷子说了摇摇头，现出一副莫可奈何的样子。

崇祯帝觉得很是懊丧，乃又改口说道：

"不是朋友的友，而是子午卯酉之酉字。

鬼谷子一听，长叹一口气，半天没有说话。

"又怎么了？你怎么不说话？"崇祯帝问。

"这个字更不吉利啊！"

"你倒是说说看。"

"你一定要我说了，你可不能传出去。"鬼谷子一本正经地嘱咐。

"有那么严重？"崇祯帝露出了不耐烦的口气。

"这可是大不敬呐。"鬼谷子急忙解释。

"大不敬？"

鬼谷子压低了声音说：

"恐怕至尊将无首无足矣！"

"啊？！"

崇祯帝当真觉得像是被人当头打了一棒。

"这尊字去头去尾，不正是'酉'字吗？"鬼谷子一面说一面比划。

崇祯帝更加懊丧，一声不响地悄然而去……

后来不久，果然李自成攻陷了京师，崇祯帝在梅山自缢而死。徐某把两手一摊说："这可不是我危言耸听啊！"

"这么说来，测字倒是颇有一番玄机啊！"纪晓岚说。

"纪兄如不以我所说为卖瓜者言，何妨一试。"

纪晓岚于是提笔写了一个"墨"字，向徐某说：

"就请徐兄测这个字吧。"

"啊！"不料那位徐君一见，立刻讶然失声叫道，"纪兄竟然不能独占鳌头了！"

纪晓岚被他劈头浇了一盆冷水，几乎半天说不出话来。

"噢？"董文恪公也愕然地说，"何以见得呢？"

"可否请徐兄明告？"纪晓岚也跟着问。

徐某随即指着他写的"墨"字说：

"墨字的上半，形似里字，里字拆开来看，则是二甲两字，所以我说一甲（状元、榜眼、探花）恐已无望，而是二甲进士了。"

"唔，"纪晓岚漫应了一声，虽然觉得徐某所言头头是道，但不免半信半疑，仍以为有些牵强附会。

"不过墨字中有四点，"徐某接着说，"四点乃庶字脚，下又有土字，似吉字头，想必是庶吉士（庶吉士是翰林院的官名，由长于文学的进士担任）。我姑妄言之，纪兄且姑妄听之吧。"

等到胪唱那一天，果然正如徐某所言，纪晓岚是二甲第一名进士，改庶吉士，分毫不差，使他不得不大为惊服。

献县纪家

纪晓岚名昀，是河间府献县人，相传献县原为西汉初年献王的封邑之地，古称"瀛洲"，与南皮、青县、沧州毗邻，是黄河入海的九河故道，因此往往一雨成灾，汪洋一片，瘠民频生，生计困难，石床盗贼蜂起，据说大名鼎鼎的绿林好汉窦尔敦，也是献县人。

而且这一带的居民，都非常迷信，关于鬼、神和狐仙的传说很盛。当地人还有两种出名的行业，京师里的妓女和太监，多数来自河间。

崔尔庄、景城一带的纪家，是献县的大姓，据说他们的远祖是纪椒坡，在明朝的永乐二年，随帝都北迁自江南，来此落户的。所谓"景城"，并非景县，乃是宋朝故城的遗址而已。

纪家到了纪润生一代，已是子孙繁衍，家族众多，不幸在崇祯十五年，流寇过境时，横遭杀戮，几乎灭门，传至其孙纪容舒，也就是晓岚的父亲，才算又发达起来。

纪容舒是康熙五十二年的恩科进士，在户部和刑部都供过职，还做过姚安太守，故称为姚安公。

在雍正二年（公元一七二四年），纪容舒的夫人张氏，正身怀六甲待产，六月十五日的头一天夜里，容舒的父亲纪天申，梦见火光入楼，后来乃生了一个男孩，取名为"昀"，就是纪晓岚。

还有一种说法，说是纪昀为火精转世。火精乃女性，相传五代的时候即有，每次皆赤裸着身子在火光中出现，人一发现，即敲打铜器，驱逐她离去。

纪昀出生这一天，火精又在景城出现。很多人一边敲锣一边吼叫追赶，他竟奔入纪家不见了。大家正在议论纷纷，忽然传出纪夫人生了一位小公子，而且耳垂上依稀有穿过针孔的痕迹。双脚也特别白嫩尖小，仿佛曾被布帛缠过的样子，使人感到非常奇怪，也更增加了他是火精转世的真实性。

以上的传说，虽然可能不脱古人一贯的传统，对于稍有名位的人物，往往会假托一些传奇性的鬼神灵异故事，抬高他的身价。

不过纪昀稍长，果然发现他确有一种异乎常人的禀赋，夜晚在漆黑的暗室里，他的两眼炯炯有如电光，不必点燃烛火，也能看到暗中的一切东西。

但是这种异能，到了他七八岁以后，知识渐开，反而慢慢消敛了，关于这一点，晓岚在六十九岁所写《槐西杂志》中，曾有如下的自述：

> 余四五岁时，夜中能见物，与昼无异。七八岁后渐昏，十岁后遂全无睹。或半夜睡醒，偶然能见，片刻则如故。十六七岁以至今，则一两年或一见，如电光石火，弹指即过。盖嗜欲日增，则神明日减耳。

根据以上的这些话，可见他有异能之说确有其事，因为以他年近古稀的高龄、人品、学问和地位，他都不致于编故事骗人。

晓岚在就学之后，更发现了他另一种特别的天赋，他不但过目不忘，而且能目下数行，才思敏锐，和他在一起念书的同族兄弟们，没有一个人能比得上他，大家无不对他另眼看待，称之为"神童"。

类似他这样的人物，在我国历史上，虽然代有人出，但是他们的事迹，有的仅一鳞半爪，有的其生平如流星掠空，昙花一现而已。能够像纪晓岚这样，一生多彩多姿，名满天下，诗文、行状、功业、著述，都富有传奇性，集荣华富贵于身，而又岁登大耄，位极人臣，几乎再找不到第二个来。

纪晓岚秉性诙谐，自幼即迥异常人，且胆识过人。一日与童伴数人，在街边玩球，适太守经过，他们的球偏巧误扔入太守的官轿，一时衙役厉声喝斥，众孩童惊逃四散，唯独晓岚一人，不但不逃，居然还挺身上前拦轿索球，太守嘉其胆识，且憨态可掬，未加怪罪，并和颜悦色问其姓氏年龄，故意想刁难他一下，说：

"我有一联，如果你能对出，就把球还给你。"

晓岚天真地点点头表示同意，等候太守出联。

太守说：

> 童子六七人，惟汝狡！

晓岚随口对道：

> 太守二千石，独公……

最后一字却迟不说出。

太守讶然问道：

"何以不说末字？"

晓岚笑答：

"太守如将球还我，就是'独公廉，球不还我便是独公贪了。"

太守见他聪明狡黠，对答如流，将来必能出人头地，就笑笑把球还给了他。

晓岚应童子试时，主考官是一位青年俊才，登科仅三年，因闻晓岚有"神童"之誉，属对欲加戏谑，他出的上联是：

八岁儿童，岂有登科大志？

不料晓岚立即回敬以下联曰：

三年经历，料无报国雄心

考官听了欲再出一联难他，因见门上绘的荼郁二位将军，乃出联云：

门上将军，两脚未曾着地；

晓岚答曰：

朝中宰相，一手可以托天。

考官又见考场对面寺庙前，有一座七层宝塔，再出一联道：

宝塔六七层，四面东西南北；

晓岚答道：

宪书十二月，一年春夏秋冬。

于是考官不得不叹服晓岚的才华，"神童"之誉，更加不胫而走。

这位誉满乡里的"神童"，十二岁随父入京，十七岁返乡，二十一岁考上秀才之后，在府城外的书院就读，春日郊游，信手折得桃花一枝，边走边嗅，不料却遇上了以前那位主考官，已升任知府，正微服出巡。

晓岚于急切之间，乃将手中桃花藏进袖中，匆忙施礼。知府见状，遂出一联：

白面书生，袖里暗藏春色；

晓岚从容答曰：

黄堂太守，眼中明察秋毫。

如此捷才，使知府大人为之咋舌赞佩不已。但是谁也想不到，晓岚后来应乡试的时候，居然因为他以经破题，同考官不欣赏，被置入劣等而名落孙山。这个打击，使他非常懊恼，从此闭门不出，发奋专攻经义，日夜苦读，整天把自己埋在书堆里。

第二年下一科是乾隆十二年丁卯，他再应乡试，终于争回了面子，以第一名解元夺魁而扬眉吐气。

当这个喜讯传到纪府的时候，他的妻子马氏，正在厨房里做饭，双手捧了刚刚擀好的面条，要往锅里下，忽然听到门外报子敲着锣大声吆喝：

"捷报！捷报！纪府的纪公子，高中了第一名解元！"

她一高兴几乎到了忘我的境界，等到报子谢了赏离去，她这才恍然发觉手里空空，面条已经不见，她以为下进了锅里，谁知道打开锅盖只见半锅沸滚的清水。再伸头往水缸里一瞧，不得了，白茫茫的一团，原来她稀里糊涂把面条下到水缸里去了，自己禁不住哑然失笑。

纪家大院

萌动少年时

纪晓岚日后之所以能够成为煊赫一时的传奇性人物，并不是因为他的才学超人，而是由于他生性孤峭诙谐，出言幽默，喜笑怒骂，往往意在言外。他所作的诗文联语，有时候妙趣横生，令人捧腹喷饭，有时候则戏谑讽刺，别富深思，使你啼笑皆非。

因此，关于他的小故事，口述耳语，辗转相传，流行甚广，在他同辈的人中，文才和他不相上下的大有人在，但是，却没有他那么大的名气。

纪晓岚十二岁的时候，四叔粟甫家，新收养了一个小婢文鸾，长得聪明伶俐，柔顺可爱，成了跟他很要好的玩伴，俩人的感情非常好，除了读书以外的时间，几乎都和她在一起，墙角里挖蛐儿，树洞里掏麻雀，池塘里抓泥鳅，样样都少不了她。

可是好景不长，就在这一年，晓岚被父亲带往京师去了。一直到他十七岁的时候，才又回到乡间来。

两人久别重逢，几乎互相都不认识了，文鸾已变得像是一只由虫蛹蜕成了的花蝴蝶，那么轻盈活泼，散发着少女的青春气息，只是显得瘦弱了些。而晓岚呢？长成一个半大男人，变得比小时候稳重多了，站在文鸾的面前，他竟然感到有几分羞怯起来。

"你是文鸾！"他还是忍不住先说了话。

"昀少爷！"文鸾笑了，两泓水汪汪的眼波一闪，酒涡深了，露出几颗洁白的皓齿。晓岚看得怦然心动，女孩子让他有如此的感觉，这还是第一次。

文鸾羞怯怯地看了晓岚一眼，很快把目光移开，似乎鼓足了勇气，轻声地问：

"您还记得我？"

"嗨！怎么不记得，那一年刮大旋风的时候，咱们俩不是正在斗蛐蛐儿吗？"晓岚兴致勃勃地说。

"要不是你拉住我躲到廊下去，恐怕我早就被水怪抓去了！"文鸾说了这句话，偷偷地朝晓岚投过一瞬感激的眼神。

刹那间，两个人都回到五年前的记忆里去。

……

那是夏季里的一天。

午后，太阳虽然隐在浓浓的云层里，天气仍然非常燠热，气压低得使人有一种透不过气来的感觉。

晓岚正跟文鸾两人蹲在前院的一棵梧桐树下斗蛐儿，他们屏住气，聚精会神的，眼看文鸾的那只"小红帽"，就要快把晓岚的"黑将军"打败了，忽然不知从哪里卷来一阵大旋风，一下子天昏地暗，黄尘滚滚，许多东西都被卷起来，在半空中打转儿飞舞，还夹带一股浓烈难闻的腥味，直冲入鼻窍。

他俩被这突如其来的情况给吓呆了，接着只听一阵嗡哨，前面明楼的屋顶，已被揭掉一半，撕成了碎片，眼看风头就要卷到身边，多亏晓岚临危不乱，一把抓住文鸾的手，奔至廊下，紧紧抱住楹柱，回头看那棵碗口粗的梧桐，已经拔地而起，腾空飞去，直上云霄。

风尾卷带的瓦砾尘沙，虽然撒了晓岚和文鸾一身，而他们俩居然毫发未损。

一霎时，一切又恢复了平静，仿佛什么事也未曾发生过，他们俩这才慢慢站起身子，恍如从恶梦中醒来。

好多人嚷嚷着，跑出来察看灾情，有的人家墙倒屋塌，连桌椅家具都卷走一空，有的人家好端端的，连一根针也没有失落。

最奇怪的是西院的纪灿臣家，楼下的两盆花和一瓮水，被风卷到楼上，不偏不倚，放在如楼下相同的位置，而阶前一个正烧着炭火的风炉铜铫，居然分毫未曾移动，使人大惑不解。

有人说，一定是海神过境；有人说，八成是水怪在跟村子里的人开玩笑。

后面几个村子里的人则说，压根儿他们什么也没有看到。"

一时议论纷纷，谁也弄不清，究竟是怎么回事。

"文鸾，咱们俩找个机会到'上河涯'去玩玩好不好？"晓岚想起了他们以前在沧州老宅的快乐时光，那儿的风景绝佳，"水明楼"下临卫河，风帆沙鸟，渔歌处处；庭园中，老树合抱，浓阴清凉，花圃如锦，幽香拂袖；河滩上堆沙城，花园里捉迷藏，都曾留下过他俩流连忘返的足迹。

"不行啊！昀少爷。"文鸾听了晓岚的提议，眨了眨眼，把头摇摇。

"为什么？"晓岚问。

"以前咱们是跟随太夫人避暑去的，这会儿……"鸾话说一半停住了。

"这会儿怎么了？"

"这会儿咱们都长大了，不比小时候，怎么可以单独去那里玩。"文鸾轻声地回答着，脸上掠过一阵红潮。

"噢？这个我倒没有想到。"晓岚说。

"再说我现在是伺候四夫人，"文鸾又说，"恐怕她也不会答应啊！"

"这倒没问题，四婶娘最疼我，她不会不答应的。"晓岚一面说，一面似乎在想什么主意。

"可是……"文鸾吞吞吐吐的，欲言又止。

"可是什么？"晓岚急着问。

"你是少爷，人家只是个丫头嘛！"文鸾被逼不过，只好讲了出来。

"哎呀！"晓岚说，"我可没把你当丫头，别管那么多！"

"少爷，您……"文鸾想说，"您如果真的喜欢我，将来收我做侍妾吧，眼前却不能乱来啊！"可是这话她却说不出口。

"好吧！我会想办法的。"说完，晓岚向她调皮地眨眨眼，没等她回答竟自去了，留给她一抹既想得到，又有些害怕的美丽憧憬。

过了几天，晓岚果然说动了他四叔粟甫夫妇，带了文鸾和他，四个人一起去了"上河涯"。

卫河上的风光依旧，水明楼前的废园也依旧，但是晓岚却觉得文鸾变了！她变得不再像以前那样对他百依百顺，不再像以前那么活泼开朗、笑语如珠。五年的岁月和主仆之分，在他们之间筑起了一道既看不见也越不过的藩篱。

为了寻找儿时的旧梦，晓岚拖着文鸾到河滩上去，看夕阳，数归帆，她总是默默地不说一句话。好几次他想握一握她的手，她也缩回去躲开了。

庭园里，那个往日赢得他们欢笑最多的地方，正值绿荫如盖，各色海棠盛开的时候，文鸾却不愿意再像以前那样，去玩捉迷藏或爬老树。

不过当她看到晓岚为此很不开心，只得委婉地向他解释说："咱们都快成大人了，怎么好意思再玩小孩的游戏？待会儿四老爷跟夫人瞧见了，会笑话咱们的啊！"

晓岚嘟起了嘴巴埋怨：

"咱们到这儿来，就是来玩的嘛，瞧你老是别别扭扭，哪来那么多忌讳？"

"昀少爷……"

"你就会叫我昀少爷！"晓岚气呼呼地说。

"可是……"

"可是什么？"晓岚追问。

文鸾感到满腹委屈，却不知道该如何诉说。

"你变了！"晓岚用感伤而低沉的语气说。

文鸾没说什么，只连忙摇头，把脸垂得更低了。

"你还否认？"晓岚说，"你已不再是我梦中那个柔顺的小女孩，不再那么活泼，那么乖了。"

"我只不过是个苦命的丫头，不值得您喜欢！"文鸾话到伤心处，陡地连眼圈儿都红了。

晓岚一见文鸾伤心，他着急起来，赶快解释：

"文鸾，我不是有意要责怪你，我……"

"我知道。"文鸾看到晓岚那副陪小心的样子，禁不住深情地看了他一眼。

"快别不高兴了，你不是最爱海棠花吗？"晓岚说着随手在身边摘下一朵来，"你瞧这一朵粉红色的花瓣多象你！"

"啊呀！你怎么把它摘下来了。"文鸾想阻止他已来不及。

"我要把它插在你头上嘛。"晓岚当真把花插在文鸾的鬓边。

文鸢本想避开，但还是顺从了他。

晓岚退后两步，歪着头欣赏文鸢带花的模样。

"呀！怎么这样子看人家？"文鸢娇嗔地低下头去。晓岚有点嬉皮笑脸地发出一声赞美："还是人比花娇！"

"啊呀！不来了，昀少爷，你……"文鸢走开几步，身子悚动了一下，鬓边的海棠花也跟着颤巍巍地摇动起来。"啊呀！"晓岚故意模仿文鸢的口气叫了一声，"我又怎么了？"

"你在笑我，人家哪有那么美？"文鸢嘴里虽然这么说，但内心对晓岚的赞美，却感到从未有过的甜蜜。

松涛阵阵，鸟鸣嘤嘤，好像在为这一对情窦初开的爱侣，谱奏恋曲。

文鸢虽然才十六岁，但是自幼贫苦的生活和坎坷的身世促成了她早熟的心智。她明白自己的身分，只是一个小小婢女，像纪府这样官宦之家的少爷，说什么也不可能娶一个婢女做正室夫人的，顶多将来能侥幸做他一名侍妾，就算不错了。

"文鸢，你又怎么了？"晓岚发觉她半天不讲话，禁不住追问。

"没有。"文鸢摇摇头。

"你好象有什么心事，为什么不肯说出来？"晓岚又问。"没有！"文鸢还是摇头。

晓岚莫可奈何地叹口气说：

"唉！你们女孩子的心，真难捉摸！"

"昀少爷，"文鸢说，"我知道你回乡是应试的，你要以功名为重啊！"

"你放心，童生、秀才，我还没把它放在眼里，我的目标是三元及第，你等着瞧吧！"晓岚自负地夸下了海口。

世事多变化，在此后的三四年当中，文鸢的寡母患了重病，瘫痪在床。她的哥哥到纪府来，要求让她回家去看顾病母。

文鸾在她十一岁大饥荒的那一年，父亲病死，母亲带着兄妹两个无法谋生，迫不得已，把她送到纪府做婢女，换取若干银子，言明以八年为期。

如今粟甫夫人同情她家庭困难，答应文鸾回去伺候她娘，而且临别又赠送了她一些银子，什么时候能回来，由文鸾自己看情形决定。

文鸾千恩万谢地去了。

晓岚这一年顺利地通过了童子试。

萌动少年时

岂能尽如人意

两年后，晓岚奉了父母之命，媒妁之言，跟东光城里的望族马周篆的女儿结为夫妻，两人在婚前，虽是素未谋面，毫无感情而言，不过马氏出身大家闺秀，知书达礼，相处倒也十分融洽。

文鸾的娘，缠绵病榻达三年之久，终于撒手西归。办完丧事，她再度回到纪府时，已是十九岁的大姑娘了。

这一年是乾隆九年，岁逢甲子，晓岚通过了岁试，成为秀才，马氏为他生了个白胖儿子，可以说是双喜临门，但是真正使他私心快慰的，却是文鸾的归来。

他很想将文鸾纳为侧室，但是碍于他年事尚轻，只有二十一岁；功名也只是一名小小的秀才，故觉难以启齿。想来想去，只有先设法把她从粟甫婶那儿要来，暂时做为婢女，便于亲近，日后再做进一步打算。

他以为自己的如意算盘，应该没有问题，想不到首先在文鸾那儿，就提出了条件。

"昀少爷，我明白您的意思，"文鸾说，"我当然也愿意！"

晓岚急忙把文鸾未说完的话接了过去："那太好了！"他乐了起来。

"您先慢点高兴！"文鸾说话的语气很平静。

"为什么？"晓岚一愣。

"这件事，首先必须两个人同意才行。"文鸾似乎早已有成竹在胸。

"哪两个人？你说。"晓岚迫不及待地问。

"第一，是尊夫人。"

"啊！她？"晓岚的脸上掠过了一阵阴影。

"第二，您应该会猜得到，"文鸾停了停说，"就是四夫人。"

"我四婶那儿，她不会不答应。"晓岚一面慢吞吞地说着，心里一面在打主意。

他习惯地用手捏捏自己的鼻子，忽然一拍大腿说：

"对！如果四婶娘，肯表示是她主动要你过来伺候马氏，她应该不便拒绝才对。"

"慢点，"文鸾说，"我的话还没有说完呢！"

"噢？那你就快说呀！"晓岚催促她。

"我……"文鸾吞吞吐吐地，"我只想提醒您别忘了……"她欲言又止。

"别忘了什么？"

"您以前许我的三元及第！"

"嗨！"晓岚喊了一声笑着说，"我的小可人儿……"

"啊呀！"文鸾打断了他的话，"您怎么这样子叫人家！不怕别人听到？"

晓岚于是压低了声音说：

"你没看到我一天到晚埋在书堆里？"

"嗯，那您去跟四夫人说的时候，可不能说我已经愿意。"文鸾小心翼翼地嘱咐。

"好好，全依你，行了吧？"晓岚说着伸手想去捏她的面颊。文鸾机警地闪身躲过，一溜烟似的跑开了。

粟夫人一听晓岚说想要文鸾，就呵呵地笑开了：

"你这个小淘气，你以为四婶不晓得你的心事？"

"四婶，那您就……"晓岚的声音里带着撒娇的味道。但是四夫人却打断了他的话说："其实我早在三年前就看出来了。"

她停下来瞄了晓岚一眼，"文鸾那个丫头，聪明灵巧，善解人意，是很逗人喜欢，我也早就想过把她给你。"

"四婶，您真好！"晓岚已是心花怒放。

"不过你现在就把她要过去，太早了！"四夫人摇摇头，又泼了晓岚一头冷水。

"太早了？"晓岚张大了眼睛问，"四婶，您的意思怎么说？"

"侄儿！"粟甫夫人恳切地唤了他一声，"文鸾迟早会是你的，可是你今年才是个刚成年的孩子，等你乡试中试之后成了举人，我再让她过去。"

"四婶，我现在只是……"晓岚想说他现在只不过是要文鸾过去做侍婢，并非马上纳她为妾。

可是粟甫夫人不让他再说下去：

"我明白，我这是在替你着想，就这样说定了，回去好好念书吧！"

晓岚体会到四婶对他的用心，也不便再坚持自己的要求，只好告辞出来，但心头一直抹不去文鸾的影子。

晓岚生平遭遇第一次打击，就是这一年应试落第的事，几乎使他陷入精神崩溃的状态。

放榜那一天，他不声不响地一个人走了，家里人发觉之后，上上下下惊扰成一团，四处找不到他的人影，谁也想不出他究竟去了什么地方。

马夫人害怕他发生意外，哭得像个泪人儿，从小把他带大的保姆丁嬷嬷，更是一把鼻涕一把眼泪，像个没头的苍蝇，东一头西一头，急得团团转，嘴里嘀嘀咕咕，不停地自言自语：

"怎么办？怎么办？这么大一个人，怎么说不见就不见了？老爷、夫人都远在京城，要是知道了，不晓得会急成什么样子呢！"

最后还是丁嬷嬷灵机一动，想到她该去四夫人那问一问，她知道四夫人最疼少爷，也许能拿个主意。

"这怎么可能？他居然会落第！"原来粟甫夫人正在跟文鸾两人为晓岚的事愤愤不平。

"不过这样也许对他有点好处，"粟甫夫人沉吟着，"可以挫一挫他的骄气。"

可是他人会到哪儿去了呢？"文鸾焦急地锁起了她的眉头。

"现在找人要紧啊！四夫人。"丁嬷嬷一面说一面不停地抹眼泪。

"既然到处都找不到他，莫非他去了上河涯？"粟甫夫人推测。

"对！"文鸾恍然应道，"一定是去了那儿了"。

"他跑到上河涯去干什么？"丁嬷嬷张大了眼睛，现出一脸的莫名其妙。

"文鸾！"粟甫夫人立刻吩咐，"你快去叫王成备车，咱们这就去上河涯。"

文鸾答应一声，飞奔出去。

当她们一路上快马加鞭，赶到上河涯时，已经过了午夜。

叫了好半天的门，看守庄院的老仆施祥，才端着一盏棉油灯，跌跌撞撞地出现在门口，一听说她们是来找昀少爷，头摇得象拨浪鼓：

"没见他来呀！"

这可使四夫人大失所望，本要立即折回去，这时文鸾提出了央求：

"四夫人，请您稍待一会儿好不好？让我到附近去找一找。"

"你是说这会儿深更半夜里，他还会在外面游荡？"四夫人诧异地问。

文鸾点了点头，见四夫人没反对，她连忙说：

"我到花园去看看。"

"那咱们就分头去找吧。"四夫人说，"王成，你陪我到河滩上去看看。"

深秋的夜晚，霜冷露重。文鸾踏着一地的月色，奔进花园，夜风沁凉，使她疾愣愣打了一阵寒颤。松涛盈耳，花影摇摇，走过菊圃的一片金黄，一片银白，才是沐浴在月光下满地盛开的秋海棠。

花阴深处，蛐蛐儿引导的秋虫乐队，正演奏着长夜的乐章，池塘中也有几声蛙鼓在伴奏。

这一切都是她早年最熟悉的情景，不过那都是陪着昀少爷来的。这会儿，却是她一个人孤零零地走进这座偌大的花园。树林里传出几声猫头鹰咕咕的叫声，增添了几许恐怖的气氛。不过文鸾根本没有想到害怕的问题，她只是在一心一意地想把少爷找到。

可是她把以前他们常到的地方，全都找过了，尤其是那棵老树前面，他曾经替她在鬓角插过海棠花的地方，也落了空。眼前除了一怀冷风、一片寒月、一地秋霜，满眼朦胧凄迷的夜色，他，他在哪儿呢？她踟蹰了。

迎着月光，她的两眼已噙满了泫然欲泣的泪水，忍不住在心底呼唤：

"昀少爷，您是我一切的希望啊！您到底去哪儿了呢？"

当她失望地转身正欲离去的时候，她听到了一声长长的叹息。她惊喜地四处张望，却不见有人影，一片枯叶被风吹动，从她眼前的地上窸窸窣窣擦过，她又怅然了。

"不，适才那明明是人的叹息声音。"

她在心底自语着，目光继续向园中仔细地搜寻。

假山，那座一丈多高，他俩以前曾在那儿玩过"捉迷藏"的假山。她发现山脚边多了一座雕像，而那座雕像的手里，却持有一枝在风中摇摇动动的海棠花。

"啊！那不是他是谁？"她心头立刻泛起了一阵激动的狂喜，本想奔过去，大声喊他，可是她却又忍住了。

"我心目中的昀少爷，不是这么脆弱的！"一个悠悠的轻柔声音，飘送过去。

假山脚下的雕像蓦然复活了，他显然大吃一惊。

"文鸾！文鸾！"他一路呼喊着跑过来，不顾一切地把文鸾抱入怀中。

"我只是觉得好惭愧！"他嗫嚅着，阵阵鬓香，沁入他的鼻窍。

"有什么好惭愧的？大不了再等三年。"温柔的声音里透出了坚韧。

喜悦掺和着感激的眼泪，在他们的面颊上奔流着。

两颗心融会在一起了。

终生的遗憾

皇天不负苦心人，乾隆丁卯，纪晓岚二十四岁，终于高中解元，春风得意，携眷入京定居之后，第一件事就是写信向粟甫夫人要文鸾进京，正式纳她为妾。

粟甫夫人自然同意，乃打发王成随文鸾先回家去告知她的哥哥，同时送给他二百两银子。

她哥哥文驹，是一个不务正业，流连赌场的浪荡子，一听说纪家要收文鸾作妾，以为是敲竹杠的好机会，竟然狮子大开口，非要拿三千两银子来，才肯点头，否则休想让文鸾进京。

粟甫夫人只好据实写信告诉晓岚，夫人马氏本来同意晓岚纳文鸾为妾，已经很勉强，如今要她再出三千两银子，正好借词一口拒绝，实在她手头也没有这么多银子，于是这件事情，不得不暂时拖了下来。

文鸾却因此忧愤成疾，一病不起，没等到晓岚回去见最后一面，就香消玉殒了。

晓岚闻讯之后，痛苦万分，他一往情深的红粉知己，竟无缘与他共享荣华富贵，就这么生死永别了，使他耿耿于怀，终生引为憾事。

二十余年后，晓岚四十八岁的时候，还梦见与文鸾同游"上河涯"，醒来写了一首"题秋海棠"的诗纪念她。

> 憔悴幽花剧可怜，
> 斜阳院落晚秋天；
> 词人老大风情减，
> 犹对残花一怅然。

晓岚向以"海棠"比文鸾，诗中之"幽花"，即为文鸾之写照，满腔哀伤情怀，终生不渝，足见其对文鸾用情之深了。

粟甫夫人了解晓岚失去文鸾的内心创痛很深，为此托人四处物色足以代替文鸾的女孩子，经过两三个月的寻找，终于，买到一个穷苦人家的女儿，是从江南流落到河间府落户的，难得的是她本身甘愿做富贵人家的媵妾，而且生得慧黠过人，面貌娟秀。

粟甫夫人看过觉得她虽不如文鸾温柔娴雅，却比文鸾乖巧伶俐，很能讨人欢心，认为非常满意，特地派人护送她进京，拜见晓岚夫妇。

晓岚一见，觉得她神思明澈，应对从容，不像是出身贫寒人家的女儿，颇为中意，就替她取了个名字叫"明玕"，以寓"虽石似玉"的意思。

马夫人也认为她长得满逗人怜爱，问她说：

"听说你自愿作人妾室，可是真的？"

明玕向马夫人行了个万福，然后回答：

"是的。"

"难道是为家境清寒，爱慕虚荣？"马夫人追问。

"贱妾自知身体纤弱，性爱文静，不适合作种田人家的妇女。富贵之家，也不会要一个贫苦人家的女子作妻室，所以，我只好作富贵人家的媵妾了。"明玕娓娓地说出了她的心愿。

"可是作一名侍妾，也不容易啊！"马夫人说。

"回夫人的话，贱妾以为如果本心不愿为人作妾，才会感到难为。既然愿意为妾，那么为妾也就没有什么难为了。"

马夫人觉得她的话很有道理，因而对她颇为钟爱，加上明玕善解人意，处处对她曲意逢迎，所以她们一直相处得非常融洽，从未发生过龃龉。

明玕本来不识几个字，此后在晓岚的调教下，一天到晚陪他检点图书，侍奉笔砚，日子久了，居然也能以浅语成诗，醉心文墨，颇得晓岚的宠爱。

有一次夏天夜里，月明如画，卧室的窗外，正值夹竹盛开，借着月光，影透窗内，落入枕上，婆娑生姿，触动了明玕的诗兴，随口即占"花影"七绝一首，请晓岚玩味，诗曰：

绛桃映月数枝斜，
影落窗纱透帐纱
三处婆娑花一样，
只怜两处是空花。

此诗语虽浅近，意境却不俗，看来真可以说是"门里出身，不会也懂三分"了。

初入翰林院

晓岚初入翰林院时，在南书房当值。太监总管不认识他，见他身穿皮袍，手持折扇，模样很好笑，便以卖弄的口吻，向纪晓岚说：

小翰林，穿冬衣，持夏扇，一部春秋曾读否？

晓岚一听老太监说话操南方口音，便随口答道：

老总管，生南方，来北地，那个东西还在么？

老太监讨了没趣，咎由自取，一脸羞涩而退。

此后太监们知道了他博学多才，滑稽有趣，尤其擅长作对联，所以每次见到他，都缠住他不放，不是出对联让他对，就是要他讲故事，不胜其烦。

有一天，晓岚正欲入宫奏事，恰巧又碰上几个太监，将他拦住，说是有个对联让他对，分明是想难一难他。

"什么对联，快说吧？"纪晓岚说，"我还要赶着进宫去奏事。"

　　三元解、会、状；

一个太监念出了上联。晓岚听了随口答道：

　　四季夏、冬、秋。

有一个太监抢先问：

"你既然说四季，怎么没有春呢？"

晓岚笑嘻嘻地答道：

"为何没有春，你们自己心里应该明白呀！

太监们听了，自己也禁不住笑了起来。可是他们仍然围住他，不肯放他走。纪晓岚不耐烦地说：

"你们要对对联，我已经对了，为何还不让我走？"

一个年纪较大的太监说："纪大学士拿我们开玩笑，罚你讲一个故事再走。"

"对对，讲一个好笑的。"旁边的小太监在附和。

"唉呀！一下子哪里想得起什么故事来嘛！"纪晓岚揉了揉鼻子，显出一脸为难的样子。

"我们不管！"小太监一半撒赖，一半认真地说，"反正大学士不讲个故事，我们是不会放你过去。"

"好！有了，"纪晓岚突然象是想起故事来说：

"有一个人……"

他说到这里停止下来，一声不响地环视着眼前的太监们。

太监们急于想知道下文，争着问他：

"这个人下边呢？"

"下边还有什么事？"

晓岚扮出一副一本正经的样子回答：

"下边没有了！"

"啊？……"

太监们听了，先是一愣，继而一想才会意又被纪晓岚嘲弄了。

有清一朝，朝野上下，对联的风气很盛。

要把对联对得好，首先必须具有深厚的文学基础，其中对于对仗、平仄、音韵、意境的要求，并不亚于诗、词、歌、赋，而且往往能从一个人的对联作品中，看出他的出身、教养、抱负，以及未来的前程。

相传明太祖朱元璋，曾率二子出游，见风吹杨柳有感，出联要两个儿子各自属对，他的上联是：

风吹杨柳千条线；

太子对的下联是：

雨打羊毛一片毡。

四子朱棣对的则是：

日照龙鳞万点金。

两句下联，虽然平仄、对仗，都是同样工整贴切，但是在境界、气势上，相差则有天渊之别了。

难怪元璋听了之后，认为太子平庸，四子将来必然大有作为，因而产生了废嫡立庶之心。日后虽未成为事实，但朱棣封燕王后，最终还是以"靖难"之名举兵逐惠帝自立，是为成祖。

纪晓岚是对联文学中的高手，往往信手拈来，无不贴切自然，或语惊四座，故弄玄虚；或诙谐幽默，令人捧腹，喜笑怒骂，妙趣横生。

乾隆对纪晓岚，可以说优渥有加，非常欣赏他的才华。乾隆帝本人也是饱读诗书，喜爱舞文弄墨。

据说他幼时，曾随他的祖父康熙皇帝散步，走到一座方桥上面，凭栏远眺。

康熙忽得一联：

四方桥，桥四方，四方桥上有四方，四方四方四四方；

他自认绝妙，但是绞尽脑汁再也对不出下联来。

乾隆却随口对道：

万岁爷，爷万岁，万岁爷前呼万岁，万岁万岁万万岁！

对得四平八稳，无懈可击，康熙帝赞不绝口。

晓岚三十一岁入翰林院，没有多久，即名声大噪。主要是因为他不但才思敏捷为常人不及，而又喜开玩笑，常常出语惊人，妙趣横生，深得乾隆皇帝的荣宠，君臣之间，有时也会互为戏谑，不以为忤。

乾隆一向对自己的文学造诣，亦颇为自负，只是不若纪晓岚快捷，因此常想找些难题出来，为难纪晓岚，不过每次都没能难倒他。

一日晓岚随乾隆微服出游，时近黄昏，适见空中一只白鹤飞来，乾隆立刻灵机一动向纪晓岚说：

"卿善作诗联，现以此鹤为题，不准筹思，须出口成章。"

晓岚立即随口吟道：

　　万里长空一鹤飞，朱砂为顶雪为衣；

晓岚吟至此，白鹤已掠空而去，越飞越远，变成了一点黑影，乾隆乃插嘴说：

"你看那鹤明明是一只黑鹤，并无一丝白意，你不是说错了吗？"

晓岚随又转口吟道：

　　只因觅食归来晚，误入羲之蓄墨池。

乾隆听了，笑着点点头，实已无话可说。

有一天早晨，纪晓岚和同僚们在朝房里待漏，坐得过久，大家都感到很疲倦，但是仍未见皇上登殿。

纪晓岚忍不住发牢骚：

"这老头儿，怎么还不来？"

不料他的话音未落，步履声已经到了后座，原来乾隆微服而至，听到了纪晓岚的话，颇为生气，随厉声问道：

"老头儿三字何解？"

在场的朝臣都替纪晓岚捏一把冷汗，以为他这一下子恐怕要倒霉了。

纪晓岚却从容地摘下自己的顶戴，趋前几步跪奏：

"万寿无疆之谓老，至尊无上之谓头，父天母地之谓儿。"

乾隆虽然明知他的解释是强辩，但是经他这么一拍马屁，脾气却发不出来了，心里却又不愿就此放过他，于是申斥他说：

"你自恃口才便捷，强辩饰非，朕现有一联，你须随口对出，否则治你大不敬之罪！"

"微臣遵旨！"

乾隆念道：

　　　　此地有崇山峻岭，茂林修竹；

晓岚应声对曰：

　　　　若周之赤刀大训，天球河图。

乾隆听了没话可说，只好挥一挥手示意纪晓岚起来。

这一年的夏天，大旱。田野龟裂，草木凋枯，百姓们人心惶惶。

乾隆要亲自祈雨，择定黄道吉日，率领文武百官，乘銮出正阳门，到大祀殿前之天坛，举行祭祷。

典礼庄严隆重，乾隆在赞礼官依制高声唱礼下，行过三献礼之后，下一个节目是"宣读祷文"。祷文本来是准备好了的，但是因为大家都知道乾隆喜爱舞弄文墨，所以祷文虽然捧在手上，却没敢宣读，等候乾隆的旨意。

果然乾隆这时从袖中抽出了一个纸卷，直接交给纪晓岚，大家见皇上亲撰了祷文，就静静地等着纪晓岚宣读。

纪晓岚接过了祷文，急忙打开来准备宣读，他万万没有想到，一看之下，居然是一张白纸，上面只字全无，这真使他大吃一惊，连旁边的大臣们也吓了一跳。

晓岚抬头看看乾隆，乾隆却故意不加理会，他明白乾隆是在开他的玩笑，看他如何交代。自尊心使他蓦然振作起来，他捧着那张白纸，临时集成了书经中的句子，宣读道：

帝曰：咨尔龙，岁大旱，用汝行甘雨，汝其往，钦哉！

于是纪晓岚又通过了一关，群臣也都为他松了一口气，乾隆想为难他的心愿，又没有达成。

还有一次，一位词林王某的太夫人做寿，张灯结彩，冠盖云集，情况十分热闹。

晓岚亦前往拜贺，宾客到齐之后，主人王某以晓岚的名气较大，乃请他撰写祝词，当场称觞朗诵。晓岚也不谦辞，不用笔墨书写，即席高声朗诵道：

这个婆娘不是人，

此句一出，语惊四座。

这时候，坐在堂上的老夫人，满是皱纹的老脸上，刷地一下结了一层寒霜，总算强忍住怒气没有发作。大家都面面相觑，深觉晓岚太过失礼，不该在大庭广众之下，开这种玩笑。尤其是主人王翰林，更是惊惶失措，不知道该如何是好。正在这种非常尴尬的节骨眼上，晓岚又从容地念出了第二句：

九天仙女下凡尘；

大家立刻轰然一声，交口称赞，老夫人当然也笑呵呵地转怒为喜了，王翰林更松了一口气。晓岚趁大家闹哄哄的时候，提高嗓门念出转句：

生个儿子去做贼，

满堂宾客，有如一塘鸣蛙，忽然投下了一块石子，立即哑然无声，主人又僵在那儿傻了眼，不知道晓岚要弄什么玄虚，感到十分难堪。几百只眼睛都集中在晓岚身上。只见他扫视全场一周，吊足了大家的胃口，终于慢慢吞吞地念出了结句：

偷得蟠桃献母亲。

全场立刻又爆响起一阵欢笑，皆大欢喜。

高宗乾隆，也是一个喜爱舞文弄墨的人，有一天在偏殿中，和群臣闲谈，提及《论语》中的"色难"一辞，乾隆说："此二字最难属对。"
纪晓岚却随声答道：
"容易！"
"那么你就试对一下看看！"乾隆问晓岚。
"适才臣已对过了。"晓岚答。
"啊……容……易……。"乾隆回味适才晓岚说的"容易"二字，果然正是绝妙佳对，不禁掀髯失笑，群臣也无不佩服晓岚的捷才。

初入翰林院

半掩半露的技巧

在帝王身边，伴君如伴虎。既要发挥才气，又要有所保留，个中的微妙之处，只有当事人自己最清楚了。

纪晓岚初到乾隆皇上身边，也是格外慎重。既要让皇上看高你的才气，一个窝囊废是得不到皇上的恩宠的，又要满足皇上驾驭能臣、驯服能臣的心理愿望。

起初一定要显露有才，有楞有角，然后在皇上的调教下，再变得服服帖帖。否则，皇上是根本看不上一个一味逢迎拍马的蠢才的。

话说这一年阳春三月，风和日丽，圆明园中春光明媚，景色宜人，桃红柳绿，燕舞莺啼，是皇家园林中的最佳时季。

这天，乾隆皇帝传命纪晓岚伴御驾，到这里观赏春天美景。看到园中那到处依依飘荡的柳丝，娇妍盛开的桃花，乾隆皇帝一时兴起，口中吟道：

风吹杨柳千枝动，雨打桃花万朵摇。

皇帝觉得两句对仗工整，摹景寓意颇为佳绝，满意地回头问纪晓岚：

"卿以为此联如何？"

纪晓岚知道皇上好胜心强，喜欢高人一等，若说此联很好，皇上自然高兴，可是与皇上接触还不是太多，皇上也不是太了解自己的才华，这样说显露不出自己的才华；若说不好，又怕惹恼圣上，降罪下来吃不消啊！

纪晓岚想到这里，有了主意，随即说道：

"圣上之联，美则美矣，只是未尽善也。"

乾隆听了这话，果然心中有些不太愉快，但不露声色，仍然用平静的语气问道：

"何以言之？"

"为臣妄言，不知妥否。"

纪晓岚小心翼翼地说道。

"细细说来，朕倒要听听。"乾隆面露不悦之色。

纪晓岚看在眼里，心想我必须让皇上高兴起来，便小心谨慎地答道：

"臣以为失之粘滞，僵而不活，且'千、''万'二字，概而言之则可，细推则不妥。若虽弱小之孤树，则无'千'、'万'之可言；若是丛林密株，则又不只'千枝''万朵'，况且，风雨之中，谁也不去计数。"

乾隆听着，觉得有道理，但又不肯罢休，又接着问道：

"以卿之见呢？"

"臣以为每句只动一字便妥。把'千枝'万朵"，改为'枝枝'朵朵"这样就成了：'风吹杨柳枝枝动，雨打桃花朵朵摇'，有多少枝即多少枝动；有多少朵，即多少朵摇。如此改动，则前弊尽除，且能尽陛下本意啊！"

乾隆这回笑了，知道纪晓岚在玩弄文字游戏，但仔细推敲，确有道理，于是点头表示赞同。

几天过后，乾隆皇帝又带纪晓岚等一帮臣子，到郊外踏青春游。看到在明媚的春光中，耕人遍野，牛羊满坡，村妇在门前纺纱，村姑在树旁挑绣。南来北往的行人络绎不绝，骑驴赶车，悠然而行，旷野上回荡着悠扬婉转的歌声。真是鱼游于池，燕翔于天，莺啼树梢，桃花含笑，柳枝绽翠，禾苗碧绿，草色青青，一幅太平景象，盛世风光。

在一帮大臣的簇拥下，乾隆皇帝看到如此美景，心中十分畅快。大臣们不停地颂扬圣天子仁明有道，故而风调雨顺，国泰民安，乾隆皇帝听得有些飘飘然了。纪晓岚此时也不甘落后，和大臣们竞相显露事君媚上的本领。

他看好一个机会说道："陛下，宋人讲'万紫千红总是春'，确实不虚啊！"乾隆兴致很浓，点头说道："是啊，如此良辰美景，虚度了实在可惜。朕命卿作一首咏春诗，每句至少嵌上两个'春'字，卿以为如何？"纪晓岚欣然领命，略加思索，即脱口吟道：

> 春光春风春景和，
> 春人路上唱春歌。
> 春日临窗写春字，
> 春闺女子绣春罗。

"好！好！"

纪晓岚吟诵刚罢，大臣们便齐声喝彩，乾隆皇帝也点头称善。大家都十分喜爱他敏捷的才思。

京城百官都听说纪才子文思敏捷，从来没有被人难住过，个个兴趣盎然，争相为他出题，请他题诗，成为一时乐事。

皇上本是个喜欢显示才学的性格，更是兴致勃勃，常想出个题难倒他，以表明他天子的高明。

纪晓岚是何等聪明之人，他早已看出皇上的心思，心想哪天应该让皇上难住一下了，省得落个罪名。

一天，乾隆皇帝把纪晓岚召进宫中，看着他含笑不语，一时间让纪晓岚摸不着头脑。

纪晓岚小心翼翼地跪在地上，向皇上请奏："微臣纪晓岚，斗胆叩请圣上，圣心为何这般喜悦？"

乾隆笑道：

"朕今天十分高兴，是因新得一喜，特召你进宫来吟诗志喜。"

早在上朝的路上，纪晓岚就心里琢磨着，可能是圣上闲来无事，又召他进宫吟诗取乐，没想到是新得了皇子，在这种时候，一定得小心侍候。

他脱口吟出一句：

我主今日降真龙，

皇上听了一笑，说道：

"爱卿猜错了，不是皇子，是位公主。"

纪晓岚听了这话，心里有些吃惊，心想自己太急切了，没有问明情况就急着说话，于是赶忙转了弯：

月里嫦娥下九重。

乾隆双眉一皱．

做出一幅很伤心的样子说道：

"可惜没有成人啊！"

晓岚赶忙顺水推舟：

想必人间留不住，

乾隆想他下一句就要说上天宫了，

颇与他为难，说道：

"掉进井里淹死啦。"

纪晓岚这下恍然大悟：刚生下来的公主，怎么会掉进井里？这不是圣上又和我开玩笑吗！于是随口吟道：

翻身跳进水晶宫。

乾隆笑了起来：

"爱卿真能随机应变啊！赐汝起身。"

纪晓岚看皇帝高兴了，自己也更加高兴，站起身来恭请圣上有何面谕。

"朕宣你进宫，是要你代朕撰一副科场匾文，要将朕垂爱贤才，考官为国选拔贤能，并且鼓励举子读书上进的三重命意，一并蕴涵其中。"

纪晓岚当即应诺，随口拟出几句，皇上听了摇摇头，都不满意。

这下可好，纪晓岚在皇上面前急出了一身汗。

他又接着搜肠刮肚地思索，想来想去，没有自己满意的，若说出来，岂不更让皇上驳回，于是汗珠从额上滚落下来。

皇上看一向对答如流的河间才子，今日也有江郎才尽的时候，坐在那里窃笑不已，故作怒色说道：

"好吧，你先回去。朕命你思考一日，明日复旨，若不堪任用，朕要将你削官为民。"

他唯唯诺诺地退出朝来，忧心忡忡地回到家中，一头扎进书房，搬书查典，一股脑儿开列几十条匾词。但仔细审视，却没有一条满意的。向来以才高八斗、学富五车为傲的纪晓岚，今天绞尽脑汁，却想不出一条好语，急得连茶饭也不进口了。

子夜已过，他仍在书房忙碌。马夫人见他夜餐未进，定有什么忧愁之事，心里惦记着，几次打发丫环过来探望，回说老爷愁容满面，焦躁异常。

马月芳猜测定有非常之事，便让丫环备了饭菜，亲自到书房探望，询问缘由。

纪晓岚哀叹一声，将今天的事告诉夫人。

马夫人听完，咯咯咯笑起来，随即说道："你真是聪明一世，糊涂一时，现成之语，为何不用呢？"

纪晓岚茫然不解，赶快请教夫人。

马月芳说："'天子重英豪'啊，岂不恰切无比？"

"咳……"纪晓岚喜出望外，在自己头上轻轻一拍，"我尚且不如一位女裙衩！"

夫妇俩相视而笑，这时他的肚子也觉得饿了，狼吞虎咽地吃下五斤熟牛肉，躺到床上，一觉酣睡到天明。

纪晓岚上朝时，信心十足地将"天子重英豪"一句，献与皇上，乾隆果然喜欢。

原来这是人们熟知的一首诗中的句子，诗云：

天子重英豪，

文章教尔曹；

万般皆下品，

惟有读书高。

　　用了这头一句，下面这三句之意，自然就联想起来。皇上所限之意，也尽在其中，乾隆皇上问道："爱卿向以文思敏捷，应对从容而名满朝野。昨日不能撰词，朕想一定是被难住了。今日回奏上来，确实很好。这其中有些什么缘故吗？"

　　纪晓岚便将昨日着急，越着急越思想不出的感受，以及昨晚夫人提醒他的情况，回明皇上。

　　皇上听着有趣，便接着说道：

　　"爱卿学识超群，全在你勤学好问，得益于众多师友，朕早已知晓。只是今日方才晓得，爱卿还是夫人马氏一门生啊！呵呵呵……"

　　纪晓岚的脸，一下红到颈项，自我解嘲说：

　　"古人云：圣人无常师。道之所存，师之所存也！"

　　"呵呵呵呵……"

　　还有一次，乾隆君臣在灵岩山寺，正在游玩之际，忽然一块乌云飞临头上，顿时电闪雷鸣，大雨如注，乾隆君臣只好在殿中避雨，一时无话。

　　乾隆忽然问道："纪爱卿，这雨为何来的这样快呢？"

　　纪晓岚应道："云从龙，风从虎，万岁圣驾至此，故而云兴雨降。"

　　乾隆听后当然高兴。俄顷雨停云收，在东方天空出现了两条彩虹，乾隆一时兴发，随之吟出了：

谁把青红绒两条，半红半紫挂天腰；

可是只吟出这两句后，却一时续不出下面的诗句。他灵机一动，转脸对纪晓岚道：

"卿可续来！"

纪晓岚不加思索，随口吟道：

上皇昨夜銮舆出，故尔空中驾彩桥。

乾隆高兴点头称善，随行众人无不称纪学士的才思敏捷。

伴驾泰山行

历代创业兴邦的帝王，多有封禅泰山的记载，"五经通义"上说："易姓而王，致太平，必封泰山，禅梁父。"学士名流，骚人墨客，也莫不以游岱宗为荣为乐。关于泰山的诗文轶话，数不胜数，乾隆自然也不免渴望到泰山一游了。

举国为帝王上寿的活动，始于唐玄宗，自此之后，帝王生日，举国同庆，成了定制。乾隆这一年是五十整寿，自然也不例外，全国各地，张灯结彩，热烈庆祝，文武百官，称觞祝嘏，上寿的诗联，堆积如山。

初秋，乾隆开始筹备泰山之行。

乾隆对于这一次的泰山之游，计议已久，却一直因故迁延未能成行。这回终以避寿为名，摒挡一切，率群臣就道。纪晓岚、刘石庵、刘师退、董曲江等名臣，均在随行之列，连同仆从、护卫，一行在数百人以上。

泰山不止是名胜古迹之地，被尊为五岳之长。古往今来，无论天子还是平民，无不对之抱有一种崇仰钦敬的之心。

乾隆在离京之前，由纪晓岚陪同，一一检阅上寿的诗联，居然没有一首能博得他赞赏的，于是向晓岚说：

"诸臣诗联，每多堆砌，难惬朕意，卿试为白描如何？"

"臣遵旨。"

纪晓岚回应之后，立即吟道：

> 二万里河山，伊古以来，未闻一朝一统二万里；
> 五十年圣寿，自今而往，尚有九千九百五十年。

乾隆听了大为欣赏，赞美不已。

古代帝王登泰山之前，皆先至岱庙祭祀，庙在泰山南麓，泰安城中，庙里供奉的是东岳大帝。乾隆也不例外，盛大的仪仗进入泰安城，依例先祭岱庙。

当时庙前，正有野台梆子戏上演"西厢记"，乾隆见了灵机一动，向晓岚说：

"朕有一联：'东岳庙，演西厢，南腔北调，'卿试对下联？"

"晓岚略加沉吟对道：

> 春和坊，卖夏布，秋收冬藏。

以春夏秋冬四季，对东南西北四方，信手拈来，却非常贴切。

祭祀完毕后，乾隆率群臣巡视庙中，见殿内壁画"东岳大帝启跸回銮图"，已斑驳不明，嘱令觅画师再予重新描绘。

庙内尚有历代碑刻甚多，其中包括秦李斯的篆文和李邕的隶书，弥足珍贵。院内的两株古树，汉柏和唐槐，苍劲挺拔，枝叶繁茂，久历风霜而不衰，给人一种奋发图强的启示与鼓舞。

当晚君臣即驻跸泰安城内，晚餐之后，乾隆嘱晓岚及一名护卫随行，三人微服至东关逛街。

泰安县城东门，有一特色，城门涵洞两侧，各有小街，数十家商户，倒也十分热闹，入夜灯火辉煌，别有一番情调。据说为全国所独有。

乾隆等三人，进了东门两侧的小街，一路随意浏览，各行各业，也算是百艺杂陈，行人熙来攘往，小贩沿街叫卖，交织成一幅安和乐利的太平景象。

乾隆看在眼里，正自感到欣慰，忽然发现前面不远处，围了一群人在争吵，走近去一看，原来是一位测字先生和顾客发生口角：

"人家写的字，你都替他们测，为啥不给俺测？你怕俺不给钱是不是？"

那位顾客气呼呼地吼着，两只手摆个不停，一口土腔，显然是本城的人。

"先生，"测字的人说，"我不是不给你测，我是看你写的这个字不敢说。"

"说好说坏全凭你，你为啥不敢说？"顾客还在吼。

"我说了怕你打我耳光，"测字的打躬作揖说，"我也不要你的钱，先生请回吧！"

乾隆和纪晓岚见那人写在纸上的，是一个粗大的"岑"字，也瞧不出其中有什么问题。

那位顾客还是不肯罢休，用手指着测字者的鼻子：

"不行，今天你既然做这个买卖，你非说不行，你说坏俺也不怪你，你还怕什么？"

"是啊！"看热闹的人中，有人附和。

"他说了不怪你，我们大家作证，你快说吧。"

"对！测字先生，我们决不让他打你……"

大家你一言我一语，催促测字的人说出来，看看究竟有什么名堂。

"好吧！"测字先生咽了一口唾液，似乎下了很大的决心。

"我赵半仙，测字如神，从没有失准过。既然大家一定要我说，在下只得从命，咱们可是说好了不能怪罪我的啊！"

"一定！一定！"

那位顾客已显得不耐烦："你快说吧！"

于是赵半仙伸手提起桌上的毛笔，蘸饱墨汁，重重地点在顾客所写的"岑"字中间，提起笔来，恰好变成了"岑"形，大家一看恍然大悟，掀起一阵轰笑，也不必再解释什么，那位顾客已一声不响地掉头而去。

乾隆也不觉哑然失笑，于是也提起笔来向赵半仙说："在下也请你测一个字如何？"

"当然好！当然好！"赵半仙连声答应，"请你随意写一个字。"

"好！"乾隆说，"就写岑字的一半好了。"随手写了一个"山"字。

赵半仙接过去，把纸上的"山"，转来转去端详一阵，略加思考，又抬起头来打量一下乾隆的相貌衣着，忽然大惊失色，"扑通"一声，朝乾隆面前跪了下去，一面叩头，一面高声说："草民赵一得，斗胆叩见圣上万岁万万岁！"

赵半仙的举动，不但使所有在场的人大吃一惊，连乾隆也被他吓了一跳，不明白他何以一下子就认出了他的身分来：

"啊！你怎么知道我是当今的皇上？"

"草民鲁莽，雕虫小技，不敢有辱圣听！"赵半仙匍匐而答。

"但说无妨。"乾隆说。

“草民是由联想、推测，及观察所得而知。”赵半仙似乎有些不好意思明说。

“你倒是详细说说看。”乾隆还是没弄明白。

站在一旁的纪晓岚，也弄得满头雾水。

四周围着看热闹的人，更是看傻了眼，不敢相信当真是皇上会驾临这种偏僻旮旯里来。

赵半仙只好一五一十地解释。

“山乃岑之首也，山山相背，连而为王，山山相叠，连而为出，意谓‘王者出焉’；同时想到方今圣上正在本城避寿，又见天颜相貌堂堂，不怒而威，衣着华丽，举止高雅，故敢断定必是圣驾微服出巡。”

“嗯，说得倒是入情入理。”乾隆示意护卫赏了赵半仙一锭银子，在民众纷纷跪拜欢呼声中，匆匆离去。

乾隆君臣一行，第二天由泰安城内出发，到了岱宗坊，相传此坊建于明朝隆庆年间，雍正曾予重修，坊西有“凤凰台”一处，业已圮毁，据说是宋代“升元观”旧址，环境清幽，风景绝佳。

乾隆因感于前晚驻跸于泰安城内，诸多不便，当地尚无行宫，所以就决定在“凤凰台”建筑一座行宫。

再游“玉皇阁”、“白鹤泉”、“王母池”、“八仙楼”、“老君堂”，有武则天的双碑，俗称为“鸳鸯碑”，及赵子昂题刻的“汉柏”两个大字，此处又称为“中庙”，雕梁画栋，建筑至为雄伟、崇丽。

由“一天门”，经跨道达“观音阁”，阁内僧徒知皇上驾临，已阶前恭迎。

乾隆君臣入内，稍事休息，老方丈奉茶后，呈上文房四宝，奏请乾隆赐留墨宝纪念。

乾隆听了颇为高兴，笑呵呵地提起笔来，一挥而就，写了“普门圆应"四个大字。

老方丈捧着字，爱如拱璧，称谢而退。

乾隆向纪晓岚说：

"朕有一联，'寸土为寺，寺旁言诗，诗云：明日扬帆离古寺'，你对一对？"

晓岚确实不含糊，应声对道：

两木成林，林下示禁，禁曰：斧斤以时入山林。

这一联对得可以说是天衣无缝，最后一句用孟子中现成的句子，贴切自然，甚为难得。

其实另外在场的大臣，并不是对不上来，只是才思没有纪晓岚快，所以往往都被他抢了先。

出"观音阁"北至"万仙楼"、"桃花磵"，有许多唐人题的诗文，到达"斗母宫"，已是正午时分，他们预定在此午餐休息。

"斗母宫"年代久远，明朝嘉靖年间，曾予重修。宫院宽广，女尼众多，登山的人，多在此地休息用膳。

院中供有送子菩萨，缺乏子嗣的达官贵人，常常携眷来此叩拜，用红绒线拴娃娃，由女尼当时先给泥娃娃命名，如果次年果真生了儿子，即与女尼结为亲家，往来不绝。

因此"斗母宫"一年四季，香火鼎盛，善男信女及游客络绎于途。同时外间对宫内女尼，传出了一些不守清规流言，纪晓岚亦有所闻。

他们到达"斗母宫"那一天，适逢宫中新建的一座佛堂落成，了因师太向乾隆君臣求赐诗联，悬挂佛堂。

乾隆欣然答允，首先写下了一联：

钟声磬声鼓声，声声自在；

山色水色物色，色色皆空。

上百的女尼，老老少少，都围在四周观看，交头接耳，赞美皇上写的对联。

其他的大臣，也大多在思考、揣摩，踱步吟哦，写作诗联。

小尼姑们指指点点地找出了名满天下的翰林院大学士纪晓岚。

他正手握一支大笔，习惯地揉了一下鼻尖，想起外间对"斗母宫"女尼的流言，他爱开玩笑的毛病又犯了，挂起一脸诡谲的笑容，环视众尼之后，振笔疾书，顷刻间即写成了一联：

一笔直通

两扇敞开

众女尼一看，哗然生怒，无不以为纪大学士出言无状，有辱佛门，纷纷议论。大臣们也都忍俊不住，笑出声来。乾隆也觉得纪晓岚太过轻佻，玩笑开得失了分寸，正想说话，纪晓岚已提起笔来，在刚写好的对联下，各加了三个字，成为：

一笔直通西天路；

两扇敞开大千门。

寓意完全改变为一副很好的对联，众尼立刻转怒为喜，莫不佩服纪学士的高才，连乾隆也呵呵地笑了。

"御帐崖"是宋真宗游泰山，行至山腰，撑起帐篷憩息的地方。不远处，有五株巨松，自石缝中生出，盘根虬结，如龙如盖，参差相对，气势雄伟，风涛阵阵，颇饶古雅的情趣。此即"史记"中所载，秦始皇二十八年巡泰山时，下山遇暴雨，走避于松下，乃封为五大夫，后人遂称为"五大夫松"。

乾隆君臣，也在松下徘徊良久，才继续上路。

乾隆率领群臣走到半山腰间，见山石嶙峋，好像碎烂的样子，但触之却十分坚硬，乾隆向群臣说：

"朕有一联，'泰山石稀烂挺硬'，诸卿试对下联？"

群臣沉思考良久，居然无人对出，大家正自奇怪，这回怎么连纪晓岚也给难倒了。

过了一会儿，他们君臣一行，登上了南天门，但见风烟万里，黄河如带，大家正在欣赏河山壮丽的景色，纪晓岚忽然高声大叫：

"对上了！对上了！"

"噢？你倒是说说看。"乾隆问。

晓岚答道：

黄河水沸腾冰凉。

"嗨，好！好！"乾隆听了，微笑着连连点头，表示嘉许。

他们一行，除了乾隆和十几位年老的大臣，是乘鸾舆登山之外，其余人等，都是步行。平常人登泰山，由"岱宗坊"至"玉皇顶"，需时约半天。而他们一个个平日养尊处优，出必车马轿子代步，哪里走过这么远的路，何况又是爬山，在紧十八盘和慢十八盘，走起来要前倾六十度，抓住石级边的铁链子匍匐前进，非常吃力。虽然在中途二天门的"黑虎庙"，曾经休息用膳，这会儿攀上"南天门"，又已是汗流浃背，气喘吁吁了。

不过到了"南天门"，大家都松了一口气，极目四跳，十万峰峦，尽收眼底，人人顿觉心胸豁然开朗，精神为之一振，满身疲顿全忘掉了。

"门辟九霄仰步三天胜迹；阶崇万级俯临千嶂奇观。"刘石庵念着"南天门"上的对联，点头称赞："确是此间最好的写照，不知出自何人手笔？"

"天门一长啸，万里清风来。"

乾隆吟哦起李白的"泰山吟"诗中的两句，接着说："谪仙的这两句诗，此时此地，身莅其境，才有真切的体味。"

"李白领一代风骚，飘逸倜傥，才华横溢，实非一般人所能及。"刘师退说。

董曲江四处了望了一阵，无限感慨地说：

"在此处放眼天地，确有苍冥茫茫，万物渺小的感触，难怪至圣先师登泰山而小天下了。"

纪晓岚说：

"据韩诗外传记载，颜回侍孔子上泰山，孔子从泰山上看见了吴阊门外系白马，于是指给颜回看，颜回答：有如系练之状。孔子知道他没有看对，又引其目而正之，所以孔子的登临处应在'望吴峰'才对。"

"泰山虽高，要一眼望见江南，仍属不可能之事，此说未免太过夸张。"刘师退说。

乾隆背剪着双手，低头漫步，似在思索什么，忽然向群臣问道：

"记得杜甫也有一首咏泰山的诗，朕已想不起来，众卿可有记得的？"

"臣记得，"纪晓岚应声吟道，

　　岱宗大如何？

　　齐鲁青未了；

　　造化钟神秀，

　　阴阳割昏晓；

荡胸生层云，

决眦入归鸟；

会当临绝顶，

一览众山小。

乾隆听毕，捋髯而笑，连连点头说：

"好好，好一个一览众山小，有杜工部及李谪仙这两首诗在，后人咏泰山之作，不外狗尾续貂了。"

在"南天门"之上，有一块平地，名叫"天街"，数十户人家，专做游客的生意，除了饮食、旅舍之外，卖些香烛纸炮纪念品。

"天街"附近寺院很多，但以"碧霞祠"最为富丽堂皇，殿顶都是铜瓦和铁瓦盖成，唐代刘禹锡诗中所称的："久事元君在翠微"，即指此处。原名"元君殿"，到了明朝重修，才改名为"碧霞祠"。

乾隆君臣一行，当晚即驻跸于此宫内。

次日五鼓，他们即摸黑匆匆赶往"日观峰"，看日出的胜景。时序虽然才是夏末秋初，但是"日观峰"为泰山之巅，长达四十余里，夜风甚大，已有凛冽之感。

他们到达峰顶之后，俯瞰山下，混沌一片，眺望东方，亦浑蒙未开。倾刻间白光乍吐，扶摇而上，霞光如矢，相继突破晦暗，崩射而出，继而金黄，继而橙红，继而朱紫相融，七彩交错，将云层透射得如琥珀，如玛瑙，如白玉，玲珑剔透，煞是好看！

少顷，一轮鲜红的旭日，像一团一戳即泄的铁浆，突然自大海中涌现，山林立刻披上了一袭金黄的晨缕，正是所谓"沧海浴日，金轮滉漾"的奇观了。

"玉皇顶"附近的"东岳庙"，是历代帝王封禅之处，乾隆亦由群臣陪同，前往依制祭祷，礼成之后，立碑纪事，完成了乾隆的一大心愿。

庙北有"弥高岩"，唐玄宗的"纪泰山铭"，宋真宗的"述功德铭"，都在此处。而秦始皇的"无字碑"，则在绝顶的门外，高达一丈五尺以上，非常壮观。

乾隆在"弥高岩"，想起了"论语"里"仰之弥高"的句子。他本来对子书最熟，曾经几次集论语中的句子，成为很难属对的上联，要纪晓岚对，但每次他都很快地对上了。譬如有一次他出的是：

唯女子与小人为难养也。

纪晓岚则对以：

有寡妇遇鳏夫而欲嫁之。

不但对仗工整贴切，而且戏谑有趣。

这一回乾隆又要纪晓岚对他集成的上联是：

仰之弥高，钻之弥坚，可以语上也。

正应合眼前的情景。他以为这一联也许就能难住了纪晓岚，不料他这念头刚刚闪过，纪晓岚已在念出下联了：

"出乎其类，拔乎其萃，宜若登天然"。

对得自然流畅，无懈可击，象是事先安排好的一样，使乾隆及大臣们不得不为之心折。

伴驾泰山行

纪大烟袋

纪晓岚爱抽烟，而且烟瘾奇大，普通人用的水烟袋，他嫌麻烦，烟锅的容量太小，而且携带不方便，所以他只用旱烟袋。

他的烟袋锅，是特别订制的，容量很大，装上一锅烟丝，从他家中一路走到圆明园，还吸不完。有人说他的烟锅，一次可以装三四两烟丝，似嫌过于夸大，但是全京城找不到第二支，倒是可信的。

因为有一天，他的特制旱烟袋，在路上丢掉了，回家之后，只得暂时使用水烟袋，于是就无法一边看书写字，一边嘴里嗿着旱烟管吸烟了。

他的侍妾明玗，守在他身边，替他装烟丝、点火、吹烟灰，心里很为丢了旱烟管的事着急：

"怎么办？是不是再去订做一支？"

"无妨！无妨！"纪晓岚笑笑说，"明天打发人到东小市去找找，准可以发现。"

"为什么？"明玗不解地问。

"你不想想，"晓岚说："我那个烟袋锅那么大，谁用得着？人家捡了去，准会拿到东小市去卖给收破烂的。"

第二天，果然在东小市很容易就发现了他那支旱烟管，花了一点钱，又把它买了回来。

他在日常生活中，除了吃饭、睡觉、见皇上，此外的时间，他那支旱烟管须臾不离手，所以人家给他起了个绰号叫"纪大烟袋"。

有一次他在朝房当值，正在抽烟，忽然皇上召见他，他一时未加考虑，顺手把旱烟管插入靴筒里，匆匆跑上殿去，没有想到烟锅里吸燃一半的烟火，慢慢烧着了袜子，脚踝也被烧痛得直发抖，涕泪交流地跪在乾隆皇帝面前，不敢吭气。乾隆发现他痛苦的样子，吃了一惊：

"纪大学士，你是怎么了？"

纪晓岚强忍住痛楚，声音颤抖地回说：

"臣 …… 臣靴子里，走 …… 走水（失火）！"

"啊！"乾隆一听急忙挥手说，"快点出去！"

晓岚退出殿外，就坐在阶前脱掉鞋袜，立刻冒起一般黑烟，脚上的皮肉，已烧焦了一大块。

本来纪晓岚走路很快，工部尚书彭元瑞，曾经戏呼他为"神行太保"。等他脚烧伤以后，走起路来一跛一歪的，好多天不良于行，彭又嘲笑他是"铁拐李"了。

当时在士大夫的上层社会，吸烟的人，多用水烟袋，有白铜、青铜、黄铜等不同的质料做成，冬天有人用绒线结成套子，套在手握的水烟袋座上，免得冰手。

抽水烟用的纸媒，要卷得不粗不细，像一根筷子，一吹即燃，一挥即灭，吸起来烟袋中的水，咕噜咕噜发出声响，别有一番风味。

纪晓岚读过王士祯所写的《渔洋夜谭》，其中记载有一个名叫周子畏的人，表演吸烟特技，在一间密不通风的小房间内，将他先吸了半天憋在肚子里的烟，吐出各种形状：

> ……先伸颈垂着张口，照地一吻，吐出一团，其大如簸，再以舌抵颚上，出齿际，则成一大蝠。如是再，再而三，但见蝠飞圈外，圈套蝠中，愈出愈多，真如月晕日环，幻化出千万亿圈子，或粘壁间，或施地上，或印人衣履，或套入项颈，不可思议。

纪晓岚虽然烟瘾奇大，但只知吞云吐雾，从来没有想到居然有人能以此表演出这么出奇的名堂来，他觉得难以令人置信，再看王渔洋第二段的描写就更奇了：

> ……既而淙淙然，直蒸屈隔，又复幂历而下，钩旋宛转，虽有精于绘云者，无其象，精于绘水者，无其色，及至地，色较淡而丝缕倍多于前。
>
> 然而一平如掌，几榻不能碍以高下，观者已置身暧暧之上，又若泛舟波涛之面也。

这一段写出了表演的另一种境界和情趣，引人遐想。
第三段的描绘，就更使人感到神乎其技了：

> ……逾时中忽高起如浮屠，旁若屋宇，淡处乱处，历历直上者，则丛树修柯，掩映阴翳，室内隔烟复连蜷裹入，俨然雉堞，连亘为墙，脾睨其间，往往如人马旗帜，点点如豆。
>
> 约一炊刻，然后霏微敛散，城薄人稀，马行帜拔，房舍荒落，独一塔危然耸峙，居中直上，乃愈起而愈细，飘飘乎无纤尘之留座隅也。

谁能想象得到，吸烟能表演出如此神妙的技术，纪晓岚也只是认为"姑妄言之，姑妄听之"罢了。

可是，在乾隆戊寅年五月。有一位吴翰林，庆祝五十岁的寿辰，纪晓岚前往拜贺，遇见了一位年过花甲的江南老人，表演烟技，使他大大地开了眼界，这才明白《渔洋夜谭》中的记述，确实不是骗人的话。那位江南老人，所用的巨型旱烟管，其烟锅最少可容四两烟丝，纪晓岚的旱烟锅，跟人家比起来，正如"小巫见大巫"了。但见老人点燃旱烟锅以后，边吸边咽，过了顿把饭工夫，才算停止，起身向吴翰林说：

"在下献丑，为吴翰林作一段添鹤寿的表演，请各位指教！"

老人说毕，把嘴一张，口中的烟雾，立即吐出了两只仙鹤，向屋角飞去，接着吐出一个圆圈，有盘子那么大，双鹤穿之而过，往来飞舞，如掷织布梭一般。

大家正目瞪口呆，看得出神，连大气也不敢吐，突然老人仰面伸直脖子，发出一声干咳，吐出一条烟柱，亭亭直上，散作水波云状。再仔细看去，已经变成了寸许的小鹤，颉左右飘动，栩栩如生，过了好半天，才烟消雾散，大家赞叹不已。

接着一个年轻人，自称是老人的徒弟，他举杯向主人敬酒说道：

"晚辈的技术，没有我师傅好，今儿是您老的大寿，不才献上一点小玩艺儿，助助您的酒兴。"说毕立刻吐出一朵烟云，飘在筵前，慢慢结成小小楼阁，门窗栏杆，历历如画。

大家正惊愕得叹为观止，年轻人朝吴翰林深深一揖说："这个小名堂叫做'海屋添筹'，惹诸位见笑了，谢谢，谢谢！"

纪晓岚如果不是亲眼目睹过这两位师徒的奇妙表演，怎么也不会相信，吸烟当真会产生如此意想不到的玩艺儿。

纪大烟袋

难克的戏谑癖

　　纪晓岚是出了名的戏谑鬼，常常以戏弄他周遭的人为乐。凡是他的朋友、同窗，甚至僚属或学生，很少不被他开过玩笑的，因此常常会招至别人的愤怒。这是性格所致，也是他的一种政治智慧，就是自作瑕疵，求不完美，用不伤原则的轻率举止打消别人的嫉妒心。

　　晓岚五十五岁，晋内阁学士，总理中书科，并兼礼部侍郎。

　　王尚书在花厅设宴，为晓岚庆贺荣升。

　　座中有一位陈御史，比晓岚年长几岁，也是一位生性诙谐，爱好滑稽的人，与王尚书、纪晓岚都是莫逆之交，而且臭味相投，经常相互戏谑成习，无所顾忌。

　　这一天，他们正在推杯换盏，酒酣耳热，逸兴遄飞的时候有一只家犬在厅外徘徊，等候觅食残肴。

　　陈御史一见到狗，触动了灵机，故意向厅外一指，佯问晓岚："你看那是狼（侍郎）是狗？"

晓岚一听，知道御史在骂他，他也装糊涂随口答说："是狗。"

王尚书插嘴问："你何以知道是狗？"

"狼与狗不同处有二。"纪晓岚慢条斯理地解释，"一是看它的尾巴上下而别，下垂为狼，上竖（尚书）是狗！"

晓岚此语一出，举座哄然大笑，王尚书被骂得面红耳赤，无词以对。陈御史笑得连喝进嘴里的酒都喷了出来，一边还指着王尚书说："你倒是捡了现成的便宜，我本来问是狼（侍郎）是狗？却原来尾巴上竖（尚书）是狗？哈哈哈……"说毕又大笑不止。

"我的话还没有说完，"纪晓岚等大家的笑声稍歇，又继续说，"二是看它吃的东西来分辨，大家都知道，狼是非肉不食，可是狗则遇肉吃肉，遇屎（御史）吃屎！"

晓岚的话，使刚刚低落下去的笑声，一下子又爆响起来，这一回轮到陈御史面红耳赤了，没想到他刚才在自鸣得意，嘲笑王尚书挨了骂，接着骂轮到自己头上，却也张口结舌，没有还嘴的余地。

如此神妙的谐音词句，晓岚常是脱口而出，好像根本未加思考，使人不能不叹服他的才思敏捷。

京城过年，家家贴春联，内容五花八门，有的写景，有的述志，有的是吉祥话儿，除非是家里死了人，要不然卖掉裤子也要买一副春联贴上，讨一个吉利。

不过京中官宦人家，常会贴出一副语句相同的对联，是：

天恩春浩荡；
文治日光华。

因为这一副对联，大有来历，乃是雍正皇帝赐给保和殿大学士张廷玉的，后来大家也跟着用，贴的人家就多了起来。

新春晓岚上朝贺年之后，在走回寓邸的路上，边走边观赏沿路人家的春联，琳琅满目，美不胜收。

但是有十多家都延用雍正皇帝赐张廷玉的那副老对联，恰巧下联两个字，是庚辰科探花王梦楼的名字"文治"，这时晓岚灵机一动，就要开一下王文治的玩笑，便匆匆赶去王文治家中，向他的家人说：

"快去禀报你们家夫人，皇上今天封她为'光华夫人'，圣旨马上就到，叫她准备接旨，我刚从宫里回来，特地先来报个喜讯。"

于是整个王府，上上下下的人，都是欢天喜地，欣喜若狂，尤其是王文治的夫人，刻意梳妆打扮，等候接旨。

奇怪的是，左等也不来，右等也没消息，打发下人等在大门外面张望了好一阵子，一直不见动静，最后总算把主人等了回来。

女主人兴冲冲地迎上去说：

"听说皇上要策封妾身为'光华夫人'，圣旨快要到了！"

"哪有这回事？"王文治愕然地问。

"怎么？你不知道？"他的夫人也愣住了。

"你是听谁说的？"王文治又问。

"纪大学士啊！"夫人说，"他说他在宫里看到了圣谕，特地先来报个喜讯。"

"好了，不要说了，没有这回事。"王文治的脸上浮现了一团气恼的神情，径自进入内室更衣去了。

他的夫人被弄得满头雾水，不知道究竟是怎么回事，忍不住跟在丈夫身后追问：

"我还是不懂，你倒是说个明白呀！"

"哎！这是纪老头在戏弄我们啊！"王文治说。

"可是，无缘无故，大过年，他这是开的什么玩笑？"探花夫人仍然没弄清楚来龙去脉。

"告诉你，有一副春联：'天恩春浩荡；文治日光华，'是先帝雍正赐给张廷玉的。如果说你封了'光华夫人'，上面加上我的名字'文治'，岂不是正应了下联那句话？"王文治不得不耐着性子向夫人解释明白。

探花夫人听了，这才恍然大悟，气急败坏地骂：

"呸！纪晓岚这只老狐狸，太可恶了！"

新科翰林王平山，只有二十五岁，大登科之后小登科，在京中娶一位侍郎的女儿。

大礼之日，贺客盈门，纪晓岚也亲往祝贺，但是他送的一份礼物，却是一部诗韵，这一下把大家都难住了，谁也猜不透他的用意何在，讨论了半天，终不得要领。新郎更是纳闷，一直到入了洞房，还耿耿于怀，夜阑人静后，他在烛光下拿着那部诗韵，翻来覆去地看，还是无法打开闷葫芦。

新娘出身书香门第，也通翰墨，看到新郎如此痴痴地发愣，觉得好生奇怪，问明原因之后，她也如坠五里雾中，弄不清是怎么回事。

偏偏到了他们两人行周公之礼的当儿，新郎官灵机一动，忽然大叫一声：

"我知道了！我知道了！"

接着一直哧哧不停地笑了起来。

新娘子被他吓了一跳，问他：

"你这是怎么了？

"我问你，"新郎说，"这诗韵是干什么用的？"

"当然是作诗用的呀！"新娘子心里已经有点不愉快。

"不！我是说诗韵里讲的是什么？"新郎问。

"讲的是平上去入，平平仄仄仄平平啊！"新娘子答。

"对了！我再念一遍，你就明白了。仔细听啊！"

"噢？"新娘子应了一声，等待新郎念。

新郎开始念道：

……

"啐！要死了……"新娘子一听，恍然大悟，禁不住骂了一句，羞恼得赶快把脸遮了起来。

纪晓岚的表兄牛稔文，是天津的太守，为儿娶媳，晓岚先打发人送了一副喜联去，牛太守也未详细察看，就把喜联张挂了起来。

后来晓岚前往道贺的时候，他笑嘻嘻地指着喜联向牛太守说：

"表哥，你看我用尊府的典故如何？"

牛太守这才细看喜联写的是：

绣阁团圆同望月；

香闺静好正弹琴。

明明是以"吴牛喘月"和"对牛弹琴"二典，被晓岚戏弄了，引起宾客们传为笑谈。

"我看你这种喜欢捉弄人的毛病，好有一比！"牛太守苦笑笑向晓岚说。

"比作什么？"晓岚问。

"妓女从良，不安于室。"牛太守说。

"此话怎讲？"

"这叫做恶习难改！"牛稔文说毕，两人同时哈哈大笑，旁边的宾客们也跟着笑了起来。

一天晚上，下人张凯入报，有门生持帖求见。

晓岚见他名帖上的名字是林凤梧，接见他的时候，就问他说：

"你的名字为什么叫'凤梧'呢？"

林凤梧恭恭敬敬地回答：

"学生出生的时候，家母做了一个梦，梦见一只凤凰落在梧桐树上，所以取名'凤梧'。"

"晤，你娘倒是会做梦。"纪晓岚说，"偏巧是凤凰落在梧桐树上，所以名字很好听，如果……"说到这里晓岚突然停住，大笑不止，竟至连眼泪都笑出来了。

林凤梧被他笑得尴尬万分，不晓得究竟为了什么事！"敢问恩师，学生有什么地方失礼吗？

晓岚仍自笑个不停，一面向林凤梧连连摇手，表示非他有失礼之处。林凤梧被弄得手足无措，不知该如何是好，最后只有糊里糊涂告辞而退。

晓岚好不容易才止住了笑，明玕陪他回到书房去，过了好一阵子，他一想起林凤梧的事，又禁不住大笑起来。

"哎呀！瞧您笑成这个样子，到底是为了什么事嘛？"侍妾明玕替晓岚装上一锅的烟丝，递给了他。

晓岚接过旱烟管，终于忍住了笑声说：

"我只不过是因为林凤梧的名字，联想起一句话，却又不便说出来罢了。"

"什么话那么好笑，叫人家僵在那儿多难为情！"明玕说。

"林凤梧说，他妈生他之前，梦见凤凰落在梧桐树上，所以取名'凤梧'。"

"这有什么不对？"明玕插嘴问。

"我却想到，他妈如果梦见的是一只鸡，落在芭蕉树上那可该叫做什么？"说了又大笑起来。

"哎哟！真是的。"明玕听了发出一声娇嗔，"您怎么老是会想出这种丑话来，不怕有损师道尊严？难怪夫人上次生气！"

"什么上次？"晓岚一边抽烟一边问。

"难道你忘了？"明玕说，"上次山西乡试的解元冯文正，进京参加会试，前来赞礼拜谒，在大厅里，冯先生向你叩头的时候，你一句话没说，突然大笑不止，那场面弄得比今天还难堪……"

明玕话没说完，晓岚已想起上次那回事，是因为看到冯文正叩头，使他想起了一副妙联：

> 今早门生头点地；
> 昨宵师母脚朝天。

所以他当时才禁不住大笑不止。事后当他向马夫人说明的时候，把马夫人气得柳眉倒竖，连声骂他是："生成爱侮弄人的恶性难改。"

纪晓岚的戏谑，实在是不能自制，有时候和马夫人开玩笑，连亲家母也会稍带上。

一次宴罢，晓岚回府，试穿他新制的蟒袍，他的亲家母，来探望女儿未归，看晓岚穿着蟒袍，围着他徘徊熟视，显出颇为羡慕和欣赏的样子。

第二天一大早，晓岚在上朝以前，穿上了新蟒袍，一时心血来潮，拿起明玕梳妆台上的眉笔，潦潦草草地写了一首开玩笑的诗，递给明玕看，他写的是：

> 昨宵亲母太多情，
> 为看花袍绕膝行

看到夜深人静后，

平平仄仄仄平平。

明玕看后，无可奈何地白了他一眼说：

"夫人的病，才刚刚好了一些，这诗要是给她看到了，准又会生您的气！真是的……"

明玕还要说下去，晓岚打断了她的话：

"我是写给你一个人看的呀！"说毕就匆匆上朝去了。

吟风弄月

乾隆年间，天下太平，士大夫狎妓侑酒之风，盛极一时，妓女中较高级者，多通琴棋书画，亦以能获得名士们的品题为荣。纪晓岚名重士林，京中青楼女子，多渴望能得到他的光顾，以抬高自己的身价。

翰林陈半江有南昌之行，知交纪晓岚等，假"醉月轩"替他饯行。轩中色艺俱佳的名妓，小如、嫦娥、凤燕等，一听说这些她们非常仰慕的名士光临，万分高兴，当然不会放过请求他们题赠诗联的机会。于是在酒宴间纷纷提出她们的愿望。在座的词林，都嵌用她们的艺名，各别作成了联语。小如获赠的一联是：

小住为佳，小楼春暖，得小住，且小住；
如何是好？如君爱怜，要如何，便如何。

嫦娥获赠的一联是：

灵药未应偷，看碧海青天，夜夜此心何所寄？

明月几时有？怕琼楼玉宇，依依高处不胜寒。

凤燕获赠的一联，则是：

凤枕鸾帐，睡去不知春几许；

燕歌赵舞，醒来莫问夜如何。

另有一妓，名叫小倩，色压群芳，明艳照人，搔首弄姿，仪态万千。不知已有多少文人雅士和公子哥儿为之意乱情迷，拜倒在她的石榴裙下，唯一的缺点，可惜她是个哑巴。所以访客跟她只能以笔代舌交谈。

当时陈半江赠她一联：

须知默默含情处；

尽在深深不语中。

戴东原也题赠她一联：

多少苦衷，不忍明言同息妫；

有何乐趣，勉将默笑学婴宁。

纪晓岚赠送她的一联，则最为传神；

真个销魂，千般旖旎难传语

为郎憔悴，万种相思不忍言。

小倩等得了他们题赠的诗联，如获至宝，再三道谢，殷勤劝酒，百般献媚，不遗余力。

晓岚本不善饮，半杯酒下肚，面孔已变成了关公，连耳朵脖子都红了起来。他露出一脸神秘的表情向大家说：

"我给你们讲一个故事。"

"是不是你自己的？"嫦娥问。

"你可不要又编故事来戏弄人啊！"董曲江说。

"不不，这是业师又聃老，昨天讲给我听的真人真事。"纪晓岚一本正经地回答。

东光城的赵大中，是李又聃的儿时同窗好友，目前因事，进京，途经清风店，招来一名小妓侑酒。

"啊！惜春？"当他一眼看到小妓的时候，不禁发出一声惊呼。

他把她看成了十几年前此地的一名小妓"惜春"，她长得娇媚伶俐，惹人怜爱。他曾经为她在此留连数夕，至今脑海里仍留有她鲜活的影子。

可是，他马上就发觉自己弄错了，因为"惜春"如在，算年岁，她该已接近四十岁了，而眼前这名小妓，最多也不过十七八岁，所以他立刻接着说：

"不！我弄错了，这怎么可能呢？"

"大爷，您是说什么弄错了？"小妓看看赵大中一脸风霜，斑白的两鬓，一副心事重重的样子，疑惑地探问。

赵大中没有理会她的话，又沉浸在回忆里，下意识地低声吟道：

"似曾相识芙蓉面；无复当年旖旎情。惜春！如今何在呢？"

"大爷，"小妓又问道，"您是说您认识以前在这儿的惜春姑娘？"

"是啊！"赵大中点点头，"难道你认识她？"

"您看我跟惜春长得很象是不是？"小妓说。

赵大中又点点头说："那么你？……"

"我叫小红，惜春是我的姑姑。"

"你姑姑？你是说惜春她还在此地？"赵大中现出一脸的惊喜。

"是啊！"小红说，"明天我带你去见她，我们家就住在镇外不远。"

"难怪你们俩长得那么象！"赵大中说，"你简直跟十几年前的惜春一模一样！"

"噢！"小红带了几分撒娇的口吻，"我真如姑姑当年对你那么有吸引力？"

笑声代替了赵大中的回答。

第二天，小红带领赵大中到了她们家里，见到惜春，果然正是当年的老相识，她虽然已是徐娘半老，但风韵犹存，双方又惊又喜，互问别后情况，热情洋溢。

这时候，后院里出来一位五十多岁的妇人，见到赵大中，先是愣了一下，又盯住他熟视良久，惜春正要替他们介绍，老妇人却先说了话：

"这位大爷，莫非是东光城的人？"

"不错……"赵大中答应了一声，还没来得及说什么，老妇人又紧接着问：

"天下第一家？"

"不敢！"赵大中说，"小姓正是赵，请问……"

老妇打断了他的话，抢先问其"台甫可是大中两字？"

"对啊！"赵大中吃惊地张大眼睛，觉得更奇了。

"三十年前，清风店的名妓翠珠，如今虽已是人老珠黄，可是我仍能从赵大爷的声音笑貌里，辨认出您昔日洒脱的身影。"老妇人的声音越说越低，似有无限感慨。

"啊！翠珠？翠……珠……？"赵大中咀嚼着这个名字，努力搜索着陈旧的记忆。

老妇人取出一颗红红的小东西，在赵大中面前晃动了一下说：

"赵大爷，可还认识这颗玛瑙扇坠？"

"扇坠？"赵大中一见惊呆了，"啊！我想起来了，你就是那个翠珠姑娘？"

"不错。"老妇人笑了，笑出了一脸的皱纹。

"我就是曾经跟您做过一夜夫妻的翠珠，那年我只有十七岁，可是我对赵爷一往情深，三十年来，一直对您翩翩的风度，念念难忘。"翠珠一面说话，一面摩挲着手里的红玛瑙扇坠儿，陶醉在往日的柔情蜜意里。

"对！你就是那个一说话就笑，笑起来脸上就现出两个很深很深酒窝的翠珠！"赵大中一拍手，掘开了记忆的源头。"总算我们祖孙三代都跟赵大爷有缘。"翠珠自我安慰地说，"今天咱们务必要尽饮！"

"好好！今天咱们不醉不休。"赵大中深深为翠珠的盛情所感，同时也惊觉岁月的无情，三十年好像只是一场无痕的春梦，梦醒时，发觉那个娇滴滴的小姑娘，已经变成了眼前这么一个干瘪瘪的老太婆，而自也已两鬓如霜，怎不令人感叹！

惜春和小红，都高兴得不得了，好似多年远行的亲人归来一般，欢笑一堂，祖孙三人，毫无避讳，传杯畅谈，其乐融融。

"怎么样，诸位对那位赵大中一箭三雕的佳话，羡慕不羡慕？"

纪晓岚讲完了故事向在座的人问。

"眼前不是正有可人儿吗？何必空羡慕人家？"陈半江说。

"对对！咱们喝酒，喝酒！"

刘师退举杯向大家劝酒。

"慢点，咱们行个酒令，助助酒兴如何？"刘石庵提议，大家都点头表示同意。

"好哇！"纪晓岚说，"既然你先倡议，你就做个说明吧！"

刘石庵慢条斯理地说：

"我出一联，由在座的人依次来对，以漏壶计时，滴水一百响内，对不上来的人，罚酒三杯！大家同不同意？"

"同意！"

"你就快出上联吧！"纪晓岚自信难不住他。

刘石庵知会一名小妓准备漏壶计数，和三个令杯之后，解释对联的内容，必须各拆两字，而且要语意通顺，才算合格，接着他念出了上联：

固火生烟，若不撇出终是苦；
水西为酒，入能回头便成人。

纪晓岚应声对出，非常工整。漏壶才刚刚滴了三下而已。

舛木为桀，全无人道也称王。

刘师退也接着对出来了。

戴东原一直捻着他的短须沉吟，忽然面色一喜，喊道："有了！你们听着"

采丝为彩，又加点缀便成文。

对得贴切而自然，大家同声叫好。

漏壶已响过了十五下。

董曲江搔了半天头皮，一拍巴掌说：

我也对出来了：

　　人言为信，倘无尚书乃小人。

陈半江对的是：

　　一大冷天，水无一点不成冰。

坐在纪晓岚身边的嫦娥，拉拉他的衣服，小声地说："纪大学士，奴婢也对了一个下联，您听听能不能通过？"

"噢！好！"纪晓岚说，"你说，你说。"

"您可不能笑我啊！"嫦娥佯作娇嗔地说，奴婢对的是：

　　少女为妙，大来无一不从夫。

"好好！太好了！"纪晓岚首先拍手叫好。

刘石庵也频频点头称妙。

小如也不甘示弱，在漏壶滴了五十三下的时候，也想好了下联，她说：

奴婢也献丑，对的是

　　女卑为婢，女又何妨也称奴。

"嗯，好好！"陈半江说，"看起来这醉月轩的姑娘，果然是名不虚传。"

董曲江看看凤燕和小倩两人，还在低着头筹思，显得一副为难的样子，他有意想替她们解解围。

于是，董曲江道："听说醉月轩的姑娘，个个能歌善舞，筝琴琵琶，样样精通，我看不如请她们表演一段如何？"

大家还没有来得及表达意见，哑妓小倩向董曲江比手划脚地表示，她已经想出了下联，两个小婢急忙捧过纸墨笔砚来，小倩提起笔来一挥而就，在座的人都围过去看，她写的下联是：

子女相好，人弗作恶便成佛。

"啊呀！就剩我一个人了！"凤燕叫道，"这漏壶滴得叫人心慌，每次当我想得差不多的时候，总是被别人抢了先，重新再想，越急越想不出来。"

"现在漏壶才滴到六十七下，"小如说，"还有的是时间，你别着急，慢慢想嘛！"

"不，"凤燕摇摇头说，"我宁愿喝三杯罚酒算了！"

在凤燕举杯喝酒的时候，小婢又捧上来一道菜，是"生爆大蛤"，嫦娥一见像是忽然想起了什么，问纪晓岚说："奴婢已想不起从什么书上看到过，说是雀入大水变成蛤，请问纪大学士，此说应作何解？"

"问得好！"纪晓岚习惯地用手磨蹭了一下鼻尖说，"大概是因为雀入大蛤变成水吧！"

众人一听言外之意，不觉同声大笑。

哑妓小倩，非要逼着嫦娥向她说明大家笑什么，把嫦娥窘得连脖子都红了。

吟风弄月

阅历科场多奇闻

乾隆二十四年。

纪晓岚三十六岁就被任命为山西省乡试的主考官，前所罕见。

循例，在主要的大省份，乡试主考官，多由年高资深的翰林，经皇上钦命充任，纪晓岚荣膺此命，实出乎一般人意料之外，由此可见乾隆对晓岚恩宠之隆了。

晓岚由于他本身早年曾经遭遇过一次落第的打击，所以取舍特别慎重，对于同考官们置入劣等未荐的试卷，亲自再行审核一遍，以免有遗珠之憾。

他发觉有一卷，文意颇佳，立论亦别出心裁，理应中试才对，晓岚正诧异其何以被弃置，有意再予斟酌入榜，及至看完全文，才发现此君原来写字有一种毛病，每每将"口"写成"厶"，例如"员"写作"貟"，"尚"写成"𡵨"。因此落第自不冤枉。

晓岚出于一番爱护之意，特予召见，希望让他知道错误，加以改正，免得下一科再度名落孙山，可以说用心良苦。

谁知道，那位生员听了，不但不领情，反而辩称：

"口厶本是一样，何必吹毛求疵？"坚持不肯认错。

晓岚一怒，提起笔来，在他试卷上写了几句话，掷给生员，接着把手一挥，喝斥：

"出去！"

生员接过试卷一看，上面写的是：

"私和句勾，吉去吕台，汝若再辩，革去秀才！"

他这才觉得无话可说，悻悻而去。

科举应试，三年一科，幸与不幸，实在很难预料。

有的人，误打误撞，一试即中；有的人则屡试屡败，虽皓首穷经，也博不到一袭青衿。因此，很多人往往迷信于命运或鬼神。

晓岚在参加县试的时候，主考官对考生的面貌册，核对特别严苛，凡是稍有胡髭，册注"微须"的人，则被禁入场，因为主考官解释"微"字即"无"字之意。

有一位吴姓考生，也是微须。他在考试的前一天，风闻此科主考官的作风，即连夜去访登记的录事，想请他将面貌册上的"微须"二字，改为"有须"，以免被拒，不得入场。

可是那位录事外出未归，等到三更，也不见人影。他念头一转，既然他把"微须"解为"无须"，我去把胡须剃掉，问题不就解决了吗？

于是他跑到街上，敲开一家剃头铺的门，剃光了胡须，心安理得地回去睡觉了。

想不到第二天唱名时，主考官瞪住吴生看了一阵，大声喝斥：

"又是一个冒名顶替的！"

"启禀主考官，学生不正是无须吗？"吴生辩解。

"正因为你无须，册上明明写的是'有须'，你还要强辩，出去！出去！"主考官盛气凌人地说。

吴生瞠目不知所对，只得怏怏而退，但是他弄不明白，"面貌册"上他的名下，原来明明写的是"微须"，何以会改成"有须"了呢？

后来才知道，那位担任录事的朋友，深夜返家，听说吴生找过他，为的是要改"微须"为"有须"的事，所以就替他改了。谁晓得阴错阳差，反而误了他的前程，使人啼笑皆非！

接着主考官唱到一位考生，名下注有"微须"，果然禁其入场。可是那位生员不服，大声抗辩：

"学生以为微乃少也，不能独以无字解释！"

"放肆！"主考官大吼，"你读书，难道不知朱注微、无的解释吗？"

"如果'微'字只能当'无'字解，那么'孔子微服过宋'，岂不是脱得赤裸精光？成何体统！"

此语一出，全场哗笑。主考官竟无词以对，他于尴尬之余，总算还有风度，也就准许"微须"的考生入场了。

旧时，科举是平民进入仕途的唯一途径，举子们寒窗苦读，一切都是为了借此改变自己的命运，因而也给这些读书人带来了极大的压力。

最使纪晓岚难忘的是，当时和他同号的一位童生，已有二十五六岁，据说他已考过三科，也没弄到一个"秀才"，这一回当他把试卷做完之后，认为十分笃定。突然他象发了疯一样，拿起笔来，在正准备呈交的卷子上乱画一通，嘴里大喊：

"我要你中不了！我要你中不了！"

他接着浑身痉挛，口吐白沫，一头倒在地上，不省人事，被人抬了出去。

有人说他几年前，还因故逼死了他的发妻。

晓岚三十九岁，已是京察一等，以道府记名，并荣迁侍读，奉命视学福建，使他于"读万卷书"之后，又有了"行万里路"的机会，游历名山大川，饱览了江南"杏花春雨"的旖旎风光。在他主持闽省院试的时候，仍然一本初衷，对于取舍非常慎重。他发现一位白发苍苍的老童生，已年过七十高龄，试卷又被置入劣等。

晓岚详阅他的试卷，觉得文理尚通，只是语句俚俗不堪，难登大雅之堂。但怜其老迈，特予召见。老童生憨直天真，应对如流，说的却是一口北方侉子的土腔土语，人如其文。

"你是北方人，怎么跑到福建来应试？"纪晓岚问。

"俺在河南老家，考来考去，把胡子都考白了，也考不上个秀才，没脸蹲下去了！"

老童生毫无遮拦地说，"算卦的先生说，俺一定要上东南方，才能遇上贵人交好运，所以俺就搬来福建整三年咧！"

"你的文卷我已看过，文意通顺，只是用词要力求典雅，避免粗俗俚野之语才好。"纪晓岚恳切地嘱咐。

正巧这时外面下起了大雨，纪晓岚又说：

"你就用孟子上的'天油然作云，沛然下雨'为题，照我刚才的交代，在这儿写一篇短文看看。"

"中！"老童生应了一声，即领命入座，望着窗外的风雨，沉思稍顷，乃振笔疾书，转眼成篇，呈递晓岚过目。

"你念给我听吧！"晓岚说。

于是老童生摇晃着满头的银发，手捧文稿，引吭高声朗诵：

　　黑黑乎！西北起鏊底之云，洋洋乎！东南下碓头（舂米石器）之雨；那风也，那雨也，一个雨点，一个水泡也；一眨眼，蛤子

不能飞，蚂蚱不能蹦；路上可以行船，床底可以捞鱼；屎壳郎喟
然而叹曰：天丧予！天丧予！癞蛤蟆仰天而笑曰：得其所哉！得
其所哉！……

老童生只顾自己念得滔滔不绝，气势磅礴，声调铿锵，却没有注
意到纪晓岚已经被他的妙文笑得上气不接下气，连连向他摇手，示意
不要再念下去，接着又捧腹大笑，久久不能自己。

老童生眼看纪晓岚笑的样子，傻愣愣地僵在那，不知该如何是好。

过了好半天，纪晓岚才恢复常态，摇摇头，擦干笑出的眼泪，提
起笔来，写了一首宝塔诗，送给老童生，同时表示，恩赐他为秀才，
嘱其返回原籍，不必再流落他乡作客。

老童生感恩不尽，一时传为笑谈。

纪晓岚送给他的诗，是这样的：

翁

古　童

时　运　通

白　发　蓬　松

是　太　公　令　兄

出　入　考　场　一　生

有　幸　碰　见　我　纪　公

恩　赐　你　秀　才　可　怜　虫

阅历科场多奇闻

结怨和珅

和珅为乾隆所宠信，权倾一时，结党营私，贪渎无厌，一手遮天，朝臣侧目，却没有人敢挫他的气焰。

纪晓岚等一般正直的大臣，莫不对和珅恨之入骨。刘墉身为宰相，总制百揆，却也拿他没有办法。

癸未年新春。

刘墉侦悉和珅正将应召入宫，那时正值风雪交加，泥泞满地，刘墉心生一计，想整治一下和珅。他换上一身破旧的冬衣，匆匆出门，赶到通往宫中的路上守候，等和珅一到，立即差下人持名刺上前拦轿投递，同时说明：

"中堂亲自过府贺年，不遇，现在已经下轿了。"

和珅无法，也只得冒着风雪下轿，正要上前跟刘墉打招呼。刘墉没等他话说出口，先行"扑通"一声跪在雪泥地上，和珅一见，也不得不急忙跪地回拜，可是他身上穿的名贵紫羔皮袍和锦绣马褂，已经弄得泥污不堪了。

他明知这是刘墉故意整他，见了乾隆后，一把鼻涕，一把眼泪地哭诉，但是也无法对刘墉怎么样。

满朝文武，一时都把这件事传为笑谈，好像都觉得是替自己出了一口怨气，大快人心。

于是有人问纪晓岚说：

"阁下善于作弄人，为何不向和珅开刀？"

"总会有机会的，你们等着瞧好了！"纪晓岚说。

和珅收受贿赂，家财万贯，大兴土木，营造府第，楼台亭阁，花园水榭，极尽奢侈浪费之能事。

一日朝罢，和珅求晓岚为他花园中的凉亭，书一亭额，纪晓岚欣然应命，当即写了"竹苞"两个大字给他。

这两字，语出"诗经"："如竹苞矣，如松茂矣。"一般人常以竹苞松茂"四字，为颂华屋落成之词，所以和珅也没有多想，道谢之后，高高兴兴地拿了回去，督工制成金字，高悬亭上。

到了府第落成之日，和珅大宴宾客，冠盖云集，连乾隆皇帝也亲驾幸临观礼，为京中难得的盛况，热闹非凡。

和珅引导乾隆率同群臣宾客，到府中各处参观，行至花园中的凉亭，乾隆看到亭额上的"竹苞"二字，问是何人所写，和珅答以出自纪晓岚之手。乾隆听了忽然仰面呵呵大笑。

这一下把和珅笑傻了，不知道为了什么事。于是急忙问道：

"奴才敢请圣上明示？"

乾隆指着亭额说：

"这是纪昀在骂你呢！"

经乾隆这么一说，这时有的人已经明白，禁不住在窃笑。和珅却仍然没弄懂是怎么回事。

乾隆只好又解释道：

"你把那两个字拆开来看看，岂不是'个个草包'吗？"周围的人起了一阵哄笑，和珅这才恍然大悟，从此对纪晓岚衔恨在心。

在和珅弄权时期，贪墨渎职，凡是不走他门路的人，不要说想飞黄腾达，就是有了功名，也弄不到一个实缺。

翰林王介生，秉性耿直，不趋炎附势，且嫉恶如仇，从来不买和珅的帐。

因此，他呆在翰林院十年，也没补上一个实差，弄得捉襟见肘，生活十分清苦，一般同年，早就外放了，只有他一个人，坐领干薪，一直冷藏在那儿。

大家虽然都同情他，却也爱莫能助，帮不上他的忙。

纪晓岚非常为他不平，最后想出了一个方法，在和珅生日的那一天，他准备了一份寿礼，另外用乌贼肚里的墨汁，写了一封短简，完全模仿王翰林的笔迹和口吻，只说自己碍于衣衫不整，未便前往府上拜寿，谨具薄礼，敬申贺忱。

打发一个下人，送到和珅府上去。

和珅看了哈哈大笑说：

"这小子终于学乖了。"

不久果然王翰林被任命为山东学政，他自己还以为时来运转，高高兴兴地走马上任去了。始终不知道有人暗中帮了他的忙。

到后来和珅被弹劾下狱赐死、抄家，凡是跟他有勾结、有过从、经查有据的人，都受到了惩戒，株连甚广。但是王翰林的短简，并未发现，因为是用乌贼肚里的墨汁所写，日子一久，就自然消失不见了。

这样的小打小闹，终不能解气，纪晓岚和刘墉等一班正直大臣，早就想狠狠整治一下和珅，只是一时间苦无机会。

机会终与来了！

乾隆四十二年，直隶、山东两省大旱，田土干裂，河流干涸，禾苗枯萎，颗粒无收。初秋，又是一场多年不遇的蝗灾，蝗虫遮天盖地飞来，所经之处，连树木的叶子也啃噬干净。

百姓生活无着，到处乞讨为生。

纪晓岚隶籍河北河间府献县，刘墉乃山东诸城人，两人为了家乡灾情，极力向朝廷疏请，发银赈济，又呼吁当地富商大贾，捐纳钱粮，救济百姓，还厚着脸皮向朝中官员募捐，筹集钱物，寄回家乡。两人虽竭尽全力，筹集了一些银两，但灾情面广而又严重，所筹钱款银两杯水车薪，仍不能使灾情缓和。外出逃荒的日益增多，饿殍遍野，惨不忍睹。

这天，刘墉来到纪府，两位志同道合的大臣见面后一扫往日那种谈笑风生的情态，连最喜诙谐打趣的纪晓岚也低着头，嘴里含着烟嘴，咕咕的抽烟，默无一言。

刘墉是朝中刑部尚书，为人刚正不阿，一向为朝野所倚重，此时叹口气说："晓岚兄，为今之计，只有我们豁出脸来再去向朝中百官募捐，筹集些银两，寄回乡，以救燃眉之急。"

纪晓岚听了，沉默半晌，说："事不过三，下官与足下联名向百官募捐已有两次，再去募捐，惟恐令同僚们为难。不捐，碍于面子，捐吧，量小数微，无济于事。"

"京中不乏首富之家，但此辈嗜财如命，怎肯做此善举？"刘墉说完叹口气。

纪晓岚听到首富二字，眼睛一亮，一个主意蓦然产生，双眼灼灼，似笑非笑地问道："大人以为京中首富为谁？"

刘墉略一思索，便道："京中首富，当推和珅。"停了停"难道我们两人去求他解囊相助！"

纪晓岚笑道："那不要惹他笑掉下巴！"

刘墉说："名传京师的纪学士，有什么办法能让他解囊相助？"

纪晓岚一脸诡谲神色，笑说："依下官之见，'与虎谋皮'，不如'引狼入阱'。"

刘墉也是个极端聪明的人，听了此言，心领神会，忙问："如何引法？"

纪晓岚附刘墉耳如此这般一番，刘墉抚掌大笑而去。

刘墉回府即分派几个得力家人，动手作好一切准备，又命一个与和府家人相熟的管家，附耳布置了任务，一切就绪，静待恶狼入阱。

这天，和珅早朝后回府，几个侍妾刚刚服侍脱了官服，一个心腹家人上前悄悄说："大人，小人探得一个重要消息，特向相爷禀报。"

"什么消息？"和珅一面喝茶一面漫不经心地问。

"刘墉学士府中有二十万两银子，于后天清晨，用马队载出崇文门送往老家山东，救济灾民。"家人悄悄说。

和珅听此消息，初只有些惊奇，继而笑出声来，他自言自语：

"刘墉呀，刘墉，你三番两次上章弹劾本官贪污受贿，这次可落到我手中，你刘氏父子哪来这么多银两，定是来路不明，弄到真赃，就有好戏看啰！"

于是，点齐一百名家丁，悄悄作了安排，专等明晨去拦截刘府马队。

果然不出所料，黎明时分，刘府大门洞开，几十匹马驮着箱笼，径直来到崇文门，崇文门守城的门吏本属和珅专管，早得和珅命令，也不盘查，悄悄打开城门，放马队出城。

刚刚走出城门，只听一声断喝："站住！"随着声音，埋伏在城外的和府一百多名家丁，手持钢刀，齐刷刷拦在马前。

马队领队人上前大喝道："我们是刘府运送赈银马队，你们是什么人，竟敢光天化日在皇城脚下公开进行抢劫！"

不料"劫"字刚刚出口，就被人一拥而上，将双手制住用绳索捆绑起来。

接着，拦在马前的人冲进马队，夺过缰绳扯的扯，拉的拉，将五十匹马全部驱往和府。刘府押运的人见马被拉走，任务完成，四散逃回刘府，报告讯息。

而和珅听说刘府马队全数截住，十分高兴，此时天已大亮，看那马队时，只见五十匹马一匹也不少，每匹马各驮着四个木箱子，木箱外面用铁钉钉住后还加绳索捆绑，每只箱子上写明银数："一千两"印记，鲜明地盖在箱上，计算一下，五十驮银子恰是二十万两。

于是，当场下令吩咐家人将木箱从马背上卸下，搬入和府银库，然后开箱将银两入库。

和府管家听了相爷吩咐，不敢怠慢，忙召集全府男仆，抬的抬，背的背，整整忙了一个上午，才将两百只木箱抬入库中。接着便开箱取银。几个仆人好不容易用铁器将一只木箱撬开，在场的人无不大吃一惊，里面装的不是什么银锭，而是大小不一的鹅卵石。

和珅听到管家禀报，大惊失色，忙令将所有木箱，全部打开检验，几十名男仆忙得满头大汗，又忙了一天一晚，两百只木箱装的全是石头。至此，和珅才恍然大悟，顿脚说："妈的，我中了人家金蝉脱壳之计。"急令几个精干家丁，骑着快马，沿山东方向追赶。

天黑时，追赶的人垂头丧气地回来禀报，沿路根本没有走过马队。

和珅这才彻底醒悟到，不是什么金蝉脱壳，而是中了刘府的以假充真的诡计。

第二天，早朝刚开始，和珅就被刘墉参了一本，刘墉跪在地上说："启奏皇上，和珅派家丁将臣运往山东救济灾民的二十万两赈银全部劫走。"

乾隆皇帝一听大惊，忙厉声向站在班中的和珅问道："和珅，可有此事？”

和珅一肚子委屈，无法申诉，只好哭丧着脸，跪在地上回奏说："启奏皇上，确有这事，但马上驮的不是银两，全是石头，是刘罗锅子故意陷害微臣。"

此言一出，乾隆皇帝又是一惊，这位一向自诩聪明的皇帝，也被弄糊涂了。他望着跪在御案前的两位重臣，心里纳闷，忙向刘墉说："刘卿，你且回答，这究竟是怎么回事？"

刘墉回奏道："木箱中所装，全是白银计二十万两，怎么会是石头，一定是和珅搞鬼，蓄意想吞没这笔赈银。"

乾隆皇帝又问："刘卿，你父子在朝中一向以'廉洁'著称，家中怎会有这笔巨款？"

刘墉回答："陛下所言全系实情，臣祖上没有遗产，几代人为官靠俸禄为生，因而家资浅薄，但是，这笔银两不是刘家私有，而是朝中大小臣工怜惜山东家乡受灾所捐赠的，这里有捐赠花名册，请皇上明察。"

说罢，将名册双手呈上。

乾隆接过花名册，只见上面开列的名字都是朝中官员，想了想，便沉下脸问："和珅，朕问你，是谁派你差人拦截刘家的马队？"

和珅见皇上变脸，赶忙叩头回答："臣没有领受谁的命令，臣得到这个消息后，心想刘府乘夜运银出京，定有不轨之事，故而吩咐家人拦截。

乾隆审来审去，刘、和双方各不相让，一个说马驮白银二十万两，一个则说全是石头，心想此事纯是和珅亏理，即使是石头，无人作证，何不做个顺水人情，让和珅拿出银子以了结此案。

于是沉下脸，大声喝道："大胆和珅，你指使家丁拦截赈银，形同盗匪，理应治罪，姑念你平日还勤于政事，免予处罚，交出所截银两，另外罚款二十万两，以赈济灾民。"

和珅见皇上震怒，不敢再说，只好照办。下朝以后，送还扣押人马，派人将四十万两银子如数送到刘府。纪晓岚、刘墉收到这笔巨款，连同募捐得来的二十万，共计六十万两，分几批运到直隶、山东两处，救济灾民无数。

和珅直到死也不知道这次陷害他的还有纪晓岚，把账全算到了刘墉的头上。

结怨和珅

因亲遭贬谪

　　纪晓岚有三个儿子，长子名汝佶，二十一岁就中了举人，比晓岚中举早了十年。后来他因为在泰安朱子颖处，见到《聊斋志异》的手抄本（当时坊间尚无刻本印行），他竟为此书着了迷，专心努力仿习写作，妨害了自己的前程，二十五岁那年就病死了。晓岚挽以联云：

　　　　生来富贵人家，却怪怪奇奇，只落得终身贫贱；
　　　　赖有聪明根器，愿生生世世，莫造此各种因缘。

　　次子汝传，做过江西九江府的通判。后来补江宁府同知。
　　三子汝似，曾为东莞县丞。
　　有孙名树馨，系次子汝传所出。
　　晓岚也有三个女儿，三女以十岁稚龄早卒。次女适袁氏。长女嫁给卢荫文，也就是曾任两淮盐运使卢见曾（雅雨）的儿子。

卢雅雨是一位风雅人物，由于他礼贤爱才的作风，使宾至如归，故常高朋满座，而且多所馈贻，以致亏空公帑。

乾隆三十三年六月，朝廷上在听到卢雅雨亏空公帑的消息之后，经过建议，要查抄卢的家财充公。

纪晓岚跟卢雅雨，既是儿女亲家，他想通知卢家，使其有所准备，却又不敢传话或写信，恐怕惹祸上身，考虑再三，终于想出了一个办法：

他拿了一点食盐跟茶叶，用浆糊封在一个空白信封里，里外没写一个字，打发人连夜奔送到卢家去。

卢雅雨接到信封之后，先是惊愕不解，慢慢从里面的东西上，揣测研究，终于猜出了答案：

"盐案亏空查（茶）封！"

因此，卢雅雨急忙将剩余的资财，安顿到别处去，等到奉旨执行查抄的人到卢家的时候，发现已经没有什么值钱的东西了。

这件事，如果背后没人嘀咕，也许就可以不了了之，但是和珅早就派出爪牙，侦监纪晓岚的一切活动了，因为他想抓住纪晓岚的小辫子，报复他往日羞辱自己的心头之恨。可是纪晓岚除了他爱开玩笑戏弄人之外，行为方正，根本找不到他违法失职，有违官治的毛病。

这一回，他为了维护亲家卢雅雨而泄密的事，可以说是千载难逢的报复机会，当然不能轻易放过。于是就在乾隆面前告了他一状。

纪晓岚很快就遭到了软禁。

在追查期间，一位董姓的军官，奉命每天伴守在晓岚身边。董某自称会测字，晓岚就写了一个"董"字请他拆拆看。

"啊！"

董某一看说："公将远戍千里之外了！"。

纪晓岚又写了一个"名"字，请他再拆。

董某沉吟了一会儿说：

"此字下为一'口'，上为'外'字的偏旁，公远戍的地方，可能在口外了。而日在西为夕，必是西域。"

纪晓岚将信将疑地问：

"如果真是如此，那么将来我还能回来吗？"

"名字的形，和君字差不多，将来必能赐还。"董某说。

"可是在哪一年呢？"纪晓岚又问。

"'口'字是四字的外围，"董某一面用手指头在比划，一面说："里面又缺了两笔，是不足四年吧 …"

董的话还没说完，纪晓岚插了一句：

"今年是戊子，再过四年是辛卯。"

"对了！"董某说，"夕字如卯字的偏旁，也正好符合。"

第二天，乾隆召见纪晓岚问话：

"微臣纪昀，叩见皇上。"

"站起来回话。"乾隆清癯的面孔上，挂了一副冷峻的神气，他将了将稀疏的胡须，慢吞吞地说："你的儿女亲家卢见曾，亏空公帑，按律应予籍没，你可知道？"

"微臣知道。"纪晓岚答

"可是奉旨到卢家查抄的人，发现他已家无长物，资财已转移他处去了，据报是你泄的密？"乾隆说毕，眼睛注视着纪晓岚的脸。

"臣实未曾有一字泄密！"晓岚为自己辩解。

"案情已调查得很明白，"乾隆说，"你虽未写一字，而事实俱在，人证确凿，掩饰也无用，朕要知道的是，你究竟用什么方法通知卢见曾的？"

纪晓岚眼看自己否认也无益，索性坦承其事，并把如何通知他亲家的方法经过说了一遍。

乾隆一面听，一面频频点头。

这时晓岚自动摘下顶戴，跪奏：

"皇上严于法纪，合乎天理之大公；臣惓私情，犹蹈人伦之陋习。"

晓岚这两句话说得很得体，乾隆听后脸上浮出了笑容。于是就在案卷上批了几个小字：

"从轻谪乌鲁木齐。"

董某为纪晓岚拆的字，初步已经应验了。

谪戍乌鲁木齐

纪晓岚泄露卢案查抄机密的事，和珅本以为可以砍掉纪的脑袋，乾隆乍一听到此事，也确实大为脑火，后念晓岚才华难得，又在内廷走动多年，不忍加戮，才得发配新疆军台效力。

事情既经尘埃落定之后，倒使晓岚想起春天曾经替人题画的事情来。

那幅画画的是《蕃骑射猎图》，塞外秋日围猎的景象，跃然纸上，晓岚当时在画上题了一首七言绝句：

白草黏天野兽肥，

弯弧爱尔马如飞；

何当快饮黄羊血，

一上天山雪打围。

题过他自己也就忘了，如今事隔半年，居然应验了他题的诗，当真他要谪去新疆，"一上天山雪打围"了。

如此的生离，真如死别，一去关山万里，何日才得平安归来，实在难以预料，许多人就此一去不返，埋骨异域了。

> 挥手自兹去，
> 萧萧班马鸣。

纪晓岚终以待罪之身，束装就道。中秋本是团圆节，却成了晓岚与家人割别的伤心日。

西出玉门，他想起了王昌龄的《出塞》诗，也饱览了"衰草连天"和"大漠孤烟直"的塞外荒凉景象。慢慢地他更深切体会到了"醉卧沙场君莫笑"的凄怆悲壮心态。

纪晓岚虽然个性孤峭，倒是一个乐天派的人。到了边疆，他处处以好奇、好玩的心情去观察一切，生活虽艰苦，却未使他心灰意冷，消极颓唐。

他居塞外军中三年，随手记了一些边疆生活见闻的笔记，较为杂乱。另有一百六十首"乌鲁木齐杂诗"。不过据他自己说，诗非当时所写，是于辛卯还京途中追忆而成，在他所著《姑妄听之》中，有以下的记述：

> 余从军西域时，草奏草檄，目不暇给，遂不复吟诗，或得一联一句，亦境过辄忘，乌鲁木齐杂诗一百六十首，皆归途追忆而成，非当日作也。

由此可见，纪晓岚在军中掌理案牍工作，竟然忙到"草奏草檄，目不暇给"的程度，连诗也没时间写了。

下面摘录几首，为特殊的纪事诗：

其一

半城高阜半城低，
城内清泉尽向西；
金井银床无用处，
随心引取到花畦。
此诗记伊犁城境况。城中无井，或云有老树得地泉。盖土厚水深，乃卜地通津，以就流水。

其二

山围草木翠烟平，
迢遰新城接旧城；
行到丛祠歌舞处，
绿毡毹上看棋枰。
伊犁雪消水涨，城门为之不开，登北山冈顶关庙戏楼，可俯视全城。

其三

筑城掘土土深深，
邪许相呼万杵音；
怪事一声齐注目，

半钩新月藓花侵。

昌吉筑城时，掘土得女弓鞋一只。后传说此女履飞空成精，昌吉大乱，卒遭兵败。

其四

石破天惊事有无？
从来好色胜登徒。
何郎甘为风情死，
才信刘郎爱媚猪。

闻迪化某布商，不作狎妓之游，惟蓄牝豕淫之，晓岚闻而成此诗。

其五

鸳鸯毕竟不双飞，
天上人间旧愿违；
白草萧萧埋旅衬，
一生肠断华山畿。

有军人王某，出差往伊犁，其妻独处。有一天，时已过午，不见开门，邻人叫亦不应，破门而入，则是男女二人，剖腹裸抱而死，男子不知何来，人亦不识。后女复活，言男为故识，自随夫来西域，男亦随之而来，乃共约以死。

其六

霜叶微黄石骨青，
孤吟自怪太零丁；
谁知早作西域谶，
老木寒云秀野亭。

董文恪曾为晓岚作《秋林觅句图》，迨其至乌鲁木齐城，西有深林，老木参云，绵亘数十里，伍弥泰将军驻扎时，建一亭于林中，题名"秀野"，散步其间，宛然如前画之境。

其七

归路无烦汝寄书，
风餐露宿且随余；
夜深奴子酣眠后，
为守东行数辆车。
空山明月忍饥行，
冰雪崎岖百廿程；
我已无官何所恋，
可怜汝亦太痴生。

晓岚在西域饲一黑犬，名叫"四儿"，东归时挥之不去，恋恋随行，在途中看守行箧甚严，非主人至前，虽童仆不能动一物。

晓岚一行十余人，共有板车四辆，有一天行至七达岭，半在岭南，半在岭北，日已黑，不能全度，黑犬四儿自动独卧岭巅，左右看护两边车物，从未稍懈。

四儿一直追随晓岚进京，后来竟被人毒毙，晓岚念其忠心耿耿，甚为哀悼，将其尸体，郑重埋葬，做了一个坟墓，并在其墓前立碑，题为："义犬四儿之墓。"

谪戍乌鲁木齐

奉诏回朝

纪晓岚在乾隆三十六年辛卯六月，诏还京师，果然完全应验了董某为他测字所预言的一切，实在神奇得令人感到不可思议。

晓岚对这件事的解释是：

> 盖精神所动，鬼神通之；气机所萌，形象兆之；与揲筮灼龟，事同一理，似神异而非神异之。

晓岚回京之后，旧友同僚，纷纷为他设宴洗尘，庆贺他能以短短三年，就解脱了流离之苦。

家人们更是欢天喜地，唯一不替他高兴的人，可能只有和珅了。

就晓岚个人来说，边疆三年，虽然吃了不少苦头，却也增长了不少见闻，和人生之体验，使得他更加练达与成熟了，所以于其说是祸，又何尝不是福呢？祸福往往是孪生兄弟啊！

其实乾隆非常喜爱晓岚的才华，不然晓岚这一次很可能被砍了脑袋，而不止是革职充军了。

三年间，朝廷没有纪晓岚走动，乾隆总感觉缺少了什么。许多事情常会想到，要是有纪晓岚在就好了，可是他既不便说出口来，又不好马上召他回京，所以乾隆也有他不得已的苦衷。好不容易拖了三年，他就下诏书，要他回京，重任翰林编修。等晓岚回到京城，乾隆已到热河避暑去了。

热河木兰围场的马房，是乾隆的出生地，意义非比寻常，所以每年寿辰，八月中秋后一日，进驻木兰围场行宫，重九后，再起驾回京。

十月初，晓岚听说圣驾已在南归途中，他急忙离京北上，迎銮于顺天府之密云县。

晓岚见了乾隆，忙趋前跪奏：

"微臣纪昀，叩请圣安，恭祝吾皇政躬康泰，万岁！万万岁！"

"好了，起来，起来！"乾隆一见纪晓岚，立刻满面春风地说：

"三年来，朕常常想到你，塞外的日子，过得很苦吧？"

"感谢圣上垂怜，托圣上的鸿福，罪臣身子骨还算挺得住。"

纪晓岚是比三年前清瘦了些，但是却显得神采奕奕，更富有生气了。

"好！你来得正好！"乾隆笑呵呵地说，"朕正有事要找你商量。"

乾隆声音洪亮，面颊红润，鼻梁挺直，两道浓浓的眉毛下，炯炯的眼神里泛着善意，他已经是六十一岁的人了，看起来最多也不过四十多岁，他穿了一袭便袍和马夹，显得身材修长而风度翩翩。

乾隆面前的案上，摊开了一张地图，在晓岚进见之前，好象正在考虑什么事。

"微臣恭聆圣谕！"纪晓岚恭立一旁，不知道乾隆有什么军机大事找他商量。

"朕方才接到八百里驿马快报，说土尔扈特族，从俄罗斯的窝瓦河畔，率众来归。"

乾隆一面说，一面指点案上的地图，招手示意要晓岚走近去观看。

晓岚一听，立即拱手奏道：

"皇恩浩荡，威加四海，蛮夷归服，天下升平，实吾皇仁厚，圣渥天浮乃能有此化洽郅隆，治超皇古之功也。"

纪晓岚的这段歌颂，正播到了乾隆的痒处，心眼儿里很受用，频频地点头说：

"你可知道土尔扈特的来历？"

晓岚想了一想说：

"据臣所悉，他们的始祖是翁罕。"

"翁罕？"乾隆不知道翁罕是何许人。

"本是额鲁特蒙古四卫拉特之一，"纪晓岚说着，指在地图上的一个地方，"他们的部落本来游牧于塔尔巴哈特附近雅尔这一带地方，到了明朝，才迁到俄罗斯内的窝瓦河畔去。"

"唔！原来是这样。"乾隆的两道浓眉一扬，双眼透射出喜悦的光芒。

"既然他们来归顺朝廷，朝廷可得安置他们才对！"纪晓岚似乎在自言自语。

"是啊！"乾隆说，朕要跟你商议的，就是这件事，你在新疆待了几年，对那边的情形比较了解，可有什么意见？

"微臣想先知道，他们现在有多少人口？"纪晓岚问。乾隆翻了翻手边的奏折说：

"他们新旧两部，合计大约七千人，牲口却比人口多出四倍以上。"

晓岚听了乾隆的话，指着案上的地图回奏：

"伊犁附近的珠克都斯地方，和科布多西南一带，据臣所知，这两地都是地广人稀，也有足够的水草，可以供他们放牧，依微臣愚见，正好把他们新旧两部分处两地，一则配合当地情形，二则防其坐大。是否妥当？恭请圣上卓裁！"

"好，好！"乾隆高兴地捋着胡须说，"就这么好！叫他们旧部到珠克都斯地方去，新部到科布多西南一带牧居。这也是朝廷今年的大事，朕为此很感欣慰，你就以此为题，作一首诗来纪念吧！"

"微臣遵旨！"纪晓岚立即提笔吟哦，写成了一首五言三十六韵的长诗，呈递给乾隆。

乾隆看了，眉开眼笑，不住地点头，表示赞赏，君臣间洋溢着一团和乐的喜气。

择良朋以交之

纪晓岚虽滑稽随和，而交友必定以才相交，以志趣相交，交正直之友，善良之友。纪晓岚的朋友，基本上都是文人，而且个个才气横溢。和他同年的有刘善谟、钱大昕、卢文弨、戈徐、胡牧、陈半江、蔡芳三、邹道峰等人。当时几位负文名的大家中，刘墉（石庵）是他的老友，董曲江、戴遂堂、董秋原、刘师退等人，也都和他过从甚密。

一天，纪晓岚休假在家，钱大昕、卢文弨来访，与他俩同来的，还有一个素不相识的人，这人三十多岁，高高的个子，瘦瘦的脸膛，憔悴的面容衬托得两只大眼又黑又亮。

纪晓岚刚要询问，钱大昕先向那人介绍道：

"这就是河间才子纪晓岚！"

那人拱手施礼说道："久仰久仰。鄙人姓戴名震，字东原，原籍安徽休宁。本为一介书生，游学京都，久闻纪大人才名，今日得见，有幸有幸。"

纪晓岚赶快让座，差婢女侍候茶点。

这戴震比纪晓岚年长一岁，虽然家境寒微，却是饱读诗书，十六七岁时即精研注疏，与同乡郑牧、汪肇龙、方矩、程瑶田、金榜等人，从师于著名学者江永（江西婺源人），二十八岁时补为诸生，为避仇隙来到京都，眼下无事可做，生活靠朋友接济。

纪晓岚看他学识广博，天文、地理、经史、历算，样样精通，又兼长于音律、文字等方面的学问，实在是不多见的博学之士，当下即延请他为两个孩子汝佶、汝传的老师。戴震十分感激，连连称谢。

纪晓岚摆下酒宴，款待钱、卢、戴三人。

酒到酣时，卢文弨说："纪年兄长于属对，今日特来请教。"

纪晓岚问他是何联语，卢便把事先写在纸上的一副上联，从袖中拿了出来，展开纸条一看，上面写的是：

吃西瓜皮向东抛；

纪晓岚微微一笑吟出了下联：

看左传书朝右翻。

这下又把纪晓岚属对的癖好勾起来了，他向戴震笑道："我出一联，由东原兄属对，如何？"

"愿意领教，愿意领教！"戴震欣然同意。

纪晓岚心想，这戴震精通今古，学识宏富，乃是同辈中少有的人才，倘若出文雅高深的联语，并不一定能难住他，我何不出个浅俗一些的，看他如何答对。

想到这里，便笑着说道："东原兄如不介意，此刻正有个俗联，请你属之如何？"

"遵便！遵便！"戴震也很爽快。

纪晓岚看看钱大昕、卢文弨，习惯地揩一下鼻子，一本正经地吟诵起来：

屎壳螂，撞南墙，乒乓，扑拉，炭！

尚未说完，钱大昕、卢文弨已笑得前仰后合，上气不接下气，心想这纪才子喜欢嬉戏的毛病又犯了，怎么第一次见面，就和人家开起玩笑来。

这戴震听了却很尴尬，笑也不是，不笑又忍不住要笑。早听人讲这纪才子是位滑稽大师，戏谑无常，和皇上也开玩笑，今日一见，方信不假。

实在忍不住了，也就哈哈大笑起来。可是一想纪晓岚出的上联，虽然听来好笑，但确是非常刁钻，对上它也不是易事，也要有形、有声、有物可比才行，便端起茶杯，边饮边思考下联。

钱大昕、卢文弨觉得纪晓岚有些过分刁难人家，便要他另出一联。

戴震放下茶杯，摆手说道："不必不必，我对的是：

癞蛤蟆，跳东洼，咯呱，咕咚，薑！

三人听了，一齐叫好，都说这下联对得巧妙，与出句合为一联，绘声绘色，相映成趣。

钱大昕止住笑说道：

"今天多亏是东原兄，换个人来，说不定会让纪年兄的'屎壳螂'难住！"说着和大家又一起笑起来，然后接着说：

"我看一还一报，东原兄出上一联，纪年兄来属之，你们说怎么样？"

"愿意从命。"纪晓岚对此类事情总是兴致勃勃。

戴震略一思索，吟出一句：

太极两仪生四象；

纪晓岚听了，心中暗想这戴震确是知识渊博。"太极"指天地未分之前的混沌世界，是古人对宇宙的一种解释，以后清轻者上升为天，混浊者降沉为地；"两仪"便指天地了；"四象"指的是春、夏、秋、冬四季。这虽然是短短的一句话，却概括了太极生天地，天地生阴阳，阴阳互相作用，生出天地间万事万物的宏阔的内涵。戴震的才学，不能不让人刮目相看，对上此句，不仅要形式上工稳，而且要蕴涵深刻才为上乘之作。

钱大昕、卢文弨正投箸停杯，坐在桌边思索，只听纪晓岚说道："菜都凉了。'春宵一刻值千金'啊！快用，快用！"说着他向三人举起了酒杯。

"你快对出下句呀？"钱大昕催促说，"噢……已经对上啦！"钱大昕说到这里，才想到对句已被纪晓岚说出来了，几个人会意地笑起来。

这是苏东坡诗中的一句，全诗是："春宵一刻值千金，花有清香月有阴。歌管楼台声细细，秋千院落夜沉沉。"这头一句被他在这里用得天衣无缝，既工巧自然，又切合此时情景，回味起来，意味无穷。

戴震赞叹不已，也暗暗地佩服纪晓岚确实博学广识。

此后不久，纪晓岚便与戴震结成了莫逆之交，两人唱和不断，互相切磋，互相砥砺，学识日进。纪晓岚还出资，将戴震的一部《考工纪图》，付梓刊行。戴震后来成为卓有影响的思想家、史学家，与当时纪晓岚、钱大昕、卢文弨、朱筠、王鸣盛、王昶等人的帮助和影响，是分不开的。

戴震寄居在纪晓岚家中，过得舒心自坦。在学术上，戴震极愿意听取纪晓岚的意见。他在乾隆十七年撰著，二十七年刊刻的《屈原赋注》中，注《离骚》"恐美人之迟暮"一句，因汉王逸、宋洪兴祖、朱熹皆以"美人"指楚怀王，以致使上下文难通，戴震注引纪晓岚曰："纪编修晓岚曰：美人谓盛壮之年耳。"并云："草木零落，美人迟暮，皆过时之慨，即《论语》所云'四十五十而无闻，斯亦不足畏'是也。"明以"美人"为屈原本人，遂贯通上下文，并批评王逸等人的说法是"不顾失立言之体"。

戴震引纪晓岚此说，正是寄居纪氏家后闻纪氏之说而后补上去的。

戴震的名著《考工记图注》，也曾听从纪晓岚之议而"删取先后郑（郑司农、郑玄二人）注而自定其说以为补注。"

寄居纪晓岚家的这一年，戴震酝酿了平生著述中的一件大事，那就是把扬雄《方言》分抄于宋李焘《许氏说文五音韵谱》的上方，这是为日后著述《方言疏证》作准备的。戴震将《方言》分写于李焘本之上，意味着重新研究《说文解字》的开始，它预示着李焘本统治时代的结束，其意义正在于此。

对戴震本人来说，结出了《方言疏证》之果。

乾隆三十八年（1773年），戴震在纪晓岚举荐下进入四库馆任纂修。这时，戴震取平时所校订的文本，遍核经史诸子的义训资料，及诸家引用《方言》的资料，著《方言疏证》，从而进一步确立了《方言》在语言学史上的权威性地位，而此分写本，是确立这一权威地位的草创之始。

《方言疏证》本身在语言科学史上有极重要的地位，它的蓝图的制订，有关问题的早期运思，则是肇始于寄居纪晓岚家中的乾隆二十年。

钱大昕、卢文弨与纪晓岚为同榜进士，无话不谈，而戴震与三人又是朋友，所以四人在一起都很随意。

其后，贫寒的戴震在纪晓岚、钱大昕、卢文弨、朱筠、王鸣盛等人的支持和帮助下，学问日进，终成一代宗师。戴震在四库馆被任命为掌管经部的分纂官，但不久即逝世。

对戴震的死，纪晓岚非常悲痛。事隔多年，谈起此事，他还黯然神伤。写下两首绝句给戴的门人王怀祖，诗云：

> 披肝露胆两无疑，
> 情话分明忆旧时。
> 宦海浮沉头欲白，
> 更无人似此公痴。
> 六经训诂倩谁明，
> 偶展遗书百感生。
> 挥麈清谈王辅嗣，
> 似闻颇薄郑康成。

诗作对戴震的为人和学术上的成就作了充分肯定，表达了深深的怀念。

当太史余存吾将写好的《戴东原事略》寄给纪晓岚时，纪晓岚又对其所列著作出现的错误细细加以指出。

原来纪晓岚与戴震切磋学问，多数观点一致。惟对《声韵考》一书某些观点看法不一。戴震未从其说，即便刊出。余存吾在《事略》中亦照戴说加以评介。纪晓岚觉得戴说有明显偏见，不能不加以纠正。他在《与余存吾太史书》中说：

戴东原研究古文字义，务求精核，于诸家无所偏主，其坚持成见者，则在不使外国之学胜中国，不使后人之学胜古人。所以于音韵学以孙炎反切法为鼻祖，而排斥神珙反纽为元和以后之说。神珙为元和中人，本无疑义，而《隋书·经籍志》明载梵书以十四字贯一切音，汉明帝时与佛经同时传入中国，实际在孙炎以前百余年。而且志为唐人所撰，远有端绪，并非宋以后臆揣者。此怎么可以把音韵学归诸神珙，反而把它归为孙炎之末派旁支呢！

这看出他对朋友和学术观点的认真态度。

不仅如此，纪晓岚还觉得，为维护朋友的学术声誉，有必要规过而改正。他在这封信的结尾说：

昀于东原交不薄，尝自恨当时不能与力争，失朋友规过之义。故今日特布腹心于左右，祈刊改此条，勿彰其短，以尽平生相与之情。

他的这种对朋友高度尽责精神和诚挚的感情，多么令人感动，相信戴震在泉下有知也会感激的！

纪晓岚在迁入新的寓邸之后，发现附近胡同口，有一位摆测字摊的青年，冷冷清清，无人问津。

仔细看他生得中等身材，皮肤白皙，面貌斯斯文文，显出一副忠厚相，不象是一个跑江湖的，手里老是握住一本书在苦读，跟人一说话就怯生生的，说明他八成是一个外地来的落第考生。

晓岚差下人张凯前去询问。

摆测字摊的人，已经两天没有发市，一见到张凯走近，以为是生意上门了，急忙起身招呼：

"这位先生，你要测一个什么字？"

张凯笑笑说：

"我不是测字的。"

"不是测字？"测字先生愣住了，"那先生是要……"

"是我们家老爷，要我来查问你……"

张凯的话还没有说完。测字先生误会是涉他做生意，把话接了过去：

"查问我？笑话，我在这规规矩矩做生意，干嘛要查问我？"语气中带了恼羞成怒的味道。

"我的话还没说完，你的性子怎么这样急？"张凯也有点不耐烦起来，"你知不知道我家老爷是谁？"

"笑话！我管他是谁？"测字先生的声音更大了，"我既不作奸，也不犯科，谁也不能对我怎么样？"

"嗨！你这个人看起来蛮忠厚老实，怎么说话这么冲？我不问你了总可以吧？"张凯几乎要冒火了。

"你本来就不该问嘛！"测字先生说毕又坐下去看书了。

张凯回头走了几步，心里想这样回去，什么也没问明白，怎么向老爷回话呢？他如果怪我居然连这点小事也办不好，岂不丢脸？于是他又转回来，耐住性子向测字先生说：

"其实，我家老爷要我来问你，原是一番好意。"

"好意？什么好意？"测字先生觉得莫名其妙。

"他是看你不象个跑江湖的，也许是想提拔提拔你。"张凯说。

"提拔我？"测字先生更弄得满头雾水，"你们老爷到底是谁？"

"纪大学士啊！"

"你是说你们家老爷，就是大名鼎鼎的翰林院大学士纪晓岚？"

"是啊！"张凯答，"一点也不错。"

"嗨呀！老兄，你怎么不早说？"测字先生马上变得一团和气。

"先生，你没有给我说明白的机会呀！"张凯说。

"如此说来，是在下鲁莽了！"测字先生连忙打躬作揖地说，"方才多有得罪，请老兄多多包涵！"

"先生不必多礼，"张凯也拱手还礼，"请问您阁下怎么称呼？"

"在下姓陶名澍，是从湖南来应试落榜的举人，"陶澍说着有点羞涩起来，"由于盘缠用尽无法返乡，只好出此下策，混碗饭吃，等候下一科再考。"

"果然不出我家老爷所料。"张凯说，"既是这样，敢问陶相公，可有什么现成的文稿？让我拿去给我家老爷看看，他是很爱才的啊！"

"噢！有，有，有。"陶澍连忙答应着，从纸包里取出一卷文稿来，交给了张凯。

"好，你等我的消息哦！"张凯说。

纪晓岚看过陶澍的文章之后，大为欣赏，爱才之心，油然而生，立刻命张凯叫陶澍进府来谈话。

陶澍怀着无比兴奋的心情，踏进了纪府，见到他久闻大名的纪晓岚，立即跪拜：

"学生陶澍，叩见纪大学士！"

"不必拘礼，请坐。"纪晓岚显得一副和蔼可亲的样子，让陶澍坐下。

"谢纪大学士。"陶澍拘谨地坐下来说，"学生鲁钝，还望纪大学士多多教诲。"

"你的文章写得很好。"纪晓岚说，"不过尚有瑕疵，用语稍嫌堆砌，虚字应尽量少用，免伤文气，给人以拖泥带水的感觉，要多加琢磨才好。"

"是是是，多谢大学士指点！"陶澍衷心感谢说，"学生一定遵照改正。"

"我看你不必再流落街头，替人测字。"纪晓岚说，"舍下尚有余屋，你就搬进来住吧。可以专心好好读书。"

"啊！"陶澍意外地应了一声，不知该如何才好，"这……学生，……学生……"

"你有什么难处吗？"纪晓岚看陶澍吞吞吐吐，以为他有什么困难。

"不不！"陶澍急忙应道，"多谢大学士栽培，只是学生感到受之有愧罢了。"

"不必拘此小节。"纪晓岚说，"人难免都有困厄的时候，彼此扶持一把，算不了什么。我当年也遭受过落第的打击，差一点自暴自弃，所以……哈哈哈！"纪晓岚没有继续说下去，用一阵笑声代替了。

最后他还是诚恳地嘱咐陶澍：

"你尽快搬进来就是了。"

陶澍确是有些受宠若惊，但见纪晓岚的态度非常诚恳，觉得却之不恭，于是只好说：

"恭敬不如从命，那学生只好遵命了。"

第二天陶澍就搬进了纪府，从此以后，整天足不出户，闭门苦读，三更灯火五更鸡，等候下一科试期到来。

日后，陶澍果然显贵，做过安徽巡抚及两江总督，著有《印心》及《石屋》等文集，卒后谥文毅。

陶澍生前，为了感念纪晓岚的知遇栽培之恩，与纪家时相往来，亲如家人。直到晓岚身后，陶澍对纪氏遗孤之爱护与扶植，不遗余力。

择良朋以交之

119

择良朋以交之

平生雅不信古物

纪晓岚也雅号古玩，以他的地位和老家雄厚的财力，以及他见多识广的博雅，想收藏些古器物，应当不是难事。

纪晓岚也确实拥有过不少古玩，然而，他并不是占有狂，更不是守财奴。他认为世间万物，有聚有散，没有固定不变的主人。不如"且随现在缘，领此当前趣"。想铭刻，就铭刻，愿把玩，便把玩，打算送人，就毫不后悔，让其为我所用，为我所乐。

纪晓岚和刘墉常常将名砚互相赠予，也时常为一方砚台互相攘夺，全然不把它当作珍宝处置。

嘉庆九年五月十日，刘墉曾赠给纪晓岚一方砚台。晓岚在这方砚台上刻了铭文：

> 余与石庵皆好蓄砚，每互相赠送，亦互相攘夺，虽至爱不能割，然彼此均恬不为意也。太平卿相，不以声色货利相矜，而唯

以此事为笑乐，殆亦后来之佳话欤？

还在另文中说："石庵今岁八十四，余今岁八十，相交之久，无如我二人者。"

这两段文字，充分表明两个人的关系，说明了他们对于古玩的态度。完全是身外之物，当玩则玩，当去则去，并不十分在乎。

一次，朝鲜使臣郑思贤，赠给纪晓岚两盒围棋棋子，天然圆润，不似人工。其黑者乃海滩碎石，年久天长为潮水冲激而成；白者为小贝壳，也是海水所磨莹，已属难得。再逐个检视，发现它们每一个厚薄均匀，轮廓周正，色泽如一，只有日积月累，比较抽换，才能集得如此之多，绝不是一朝一夕所能收集起来的。

纪晓岚把它置之书斋，颇为雅玩。就是这样一件宝物，后来他却很随便地送给了户部尚书范宜恒了。

纪晓岚有一同年好友王昶，任陕西按察使时，曾寄给纪晓岚数片汉代未央宫的旧瓦，经行家鉴定，均是两千年前的古物珍品。不久，这片汉瓦就被嗜古成癖的学生伊秉绶要走了，"束以铜而琢为砚"，纪晓岚还欣然为他题刻了砚铭。

晋代大书法家王羲之的小楷法帖《黄庭经》，历来被书法爱好者所珍视，纪晓岚就曾拥有过一册宋拓本，上面还有明代著名书画家董其昌的题跋，最后被宗室瑶华道人索去。事见《纪文达公遗集》卷十一。

纪晓岚之子纪汝佶，曾将朱子颖送给他的一方明代诗人王寅的天然大理石镇纸，转赠给父亲，可是纪晓岚连送给谁都忘了。

在纪晓岚友辈中，董曲江也是他的同好，两人经常在一起谈论有关鉴赏的问题。

晓岚对于古董商宣传古玉能避邪消难之说，认为是荒诞无稽。可见他并不迷信。他在乌鲁木齐的时候，曾经亲眼看到温大学士有一块美玉，像巴掌那么大，质理莹白，上有红斑四点，皆大如指顶，鲜活如花瓣，晕脚四散，渐远渐淡，浑然天成，人见人爱，温公更是爱之如命，常年随身佩带。

据说，那块玉是前朝宫廷之物，可以消灾避难，温公深信不疑，不料木果木之役，温公殉职，玉也不知所终，并未能庇佑温公躲过阵亡之祸。

有一天，董曲江造访，纪晓岚和他谈起这回事的时候，不胜感慨地说：

"大地河山，佛家尚以为泡影，区区珍玩，更无非身外之物，何足妄求其能消灾避难！"

董曲江微笑着点了点头说：

"这一点，我同意你的看法。"

"我所珍藏的一些图书古玩，身后倘若散落人间，于鉴赏指点摩挲之余，能说这乃当年纪晓岚故物，这也是佳话，我也就无所遗憾了。"

纪晓岚说话时手里把弄着他最心爱的一只"鼻烟壶"，倒出一点鼻烟在手背上，放在鼻子前面吸了吸。

"你说这话，名心尚存。"董曲江却不以为然地说，"我则认为古玩用以消闲遣日，借此自娱。如果我死了，哪里还管它归谁所有，就算是被虫蛀鼠咬，毁弃泥沙，都与我无关了。"

"唔，你的看法，倒是比我洒脱得多了！"纪晓岚说。

"所以我的书无印记，砚无铭识。"董曲江接着又说，"正如好花朗月，胜水名山，偶与我逢，便为我有，迨云烟过眼，又何必问它谁属，劳心计较呢？"

纪晓岚听了，连连点头，正想说话，董曲江从怀里掏出一只小小的白玉螃蟹，纯白无丝毫瑕疵，剔透玲珑，非常可爱，他说：

"这是我所有珍玩中，最心爱的东西，也许明天就成了别人所有，至于他承不承认此物以前曾属于我，又有什么重要呢？"

"好！"纪晓岚由衷地表示赞服，"董兄的豁达胸襟，令我敬佩！"

他们两人正谈论得高兴，忽报有一位姓孙的古董商人，登门求见。

"也许他有什么稀世的珍品，前来兜售。"纪晓岚说着向张凯示意叫古董商进来。

"孙某久仰纪大学士雅爱古玩，今天特地带了一件古物来，请您鉴赏鉴赏。"孙姓商人一进门见过礼，说明了来意，同时出示一块柴窑瓷片，包藏得非常谨慎。

纪晓岚接到手上，和董曲江两人，翻来覆去看了半天，也看不出它的珍贵处。

"恕在下眼拙。"纪晓岚说，"一时实在看不出它有什么珍贵，请孙兄明告吧！"

"两位可不要小看了这一小块瓦片啊！"孙某煞有其事地说，"它乃是三国时代曹操兴建的铜雀台上所有，距离现在已经一千多年啦！"

"噢？这么说这东西很珍贵喽？"纪晓岚说。

"那当然了！"孙某说，"这是因为物主一时有急用，才肯割爱，托我求售的。"

董曲江插嘴问：

"物主要多少钱？"

"不多，不多，五百两银子。"孙某说着伸出一只手比划。

"哈哈哈！"纪晓岚一听笑了起来，"不要说你无法证明它是铜雀台上的东西，就算是真的，可是这玩艺儿，既不好看，也不好玩，更无实用，要花五百两银子去买它，除非在跟自己过不去！"

"嗨！这还假得了吗？"孙某立刻滔滔不绝地展开了如簧之舌，"俗话说物以稀为贵，第一，如今根本找不到这种瓷瓦片；第二，这东西悬挂胸前，能驱祟避邪，逢凶化吉，甚至临阵打仗，能避火器。"

董曲江调侃地说：

"看来温大学士如果买到这块瓷片，也不会阵亡了！"孙某显得兴冲冲地说。

"那当然！古物能避邪，是大家所公认的。再说这块瓷片，是经过行家考证过的，绝对错不了。"

"那好办！"纪晓岚一本正经地说，"咱们就把这瓦片用绳索吊起来，找洋铳来轰击一下。"

"对对对！这办法最好了！"董曲江立刻赞同。

"啊！别开玩笑了，您要干什么！"孙某吓得叫了起来。

"你不是说瓦片能避火器吗？"纪晓岚说，"如果是真的，瓦片虽受轰击，必定不碎，五百两银子太便宜了。如果碎了，就证明你是鬼扯淡！"

商人孙某立即将瓷瓦片收回说：

"这太杀风景了！如此珍贵的古物，怎么能轻易乱来？既然两位不赏识，那就算了。"说毕悻悻离去。

惹得纪晓岚跟董曲江二人大笑不止。

"明明是他在骗人，反倒怪我们不识货，真是岂有此理。"纪晓岚说。

"你倒是一下子就逼他现了原形。"董曲江说，"就算那玩艺儿真是铜雀台所有，也不过是一块人造的区区瓦片而已，哪里能避火器？"

纪晓岚装满了一旱烟锅的烟丝，慢慢抽燃起来说：

"再说，就拿最有名的宋瓷中，釉色精妙的雨过天青珍品，既成碎片，也不值五百两银子啊！"

董曲江说：

"他刚才提到那瓷片曾经行家考证过的，倒使我想起一个笑话来。"

"什么笑话？"纪晓岚一听说是笑话，立刻急于想知道是怎么回事。

"阮伯元做浙江巡抚的时候，他有个门生入京会试，在通州的客栈里，买烧饼充饥，无意中发现，烧饼的背面斑驳成文。他灵机一动，就用笔涂上墨，用纸拓印下来，乍然一看，酷象钟鼎文字。"

"于是他就想，不如把它寄给喜爱考古的座师阮伯元，开开玩笑，看他如何考证。接着就写了一封信，说是他在一家古董店里，见到一只古鼎，既无钱购买，又不知是何代遗物，所以把鼎上的铭文拓印下来，寄请恩师考证，看是真的古物，或是赝品。"

董曲江还没有说完，纪晓岚已呵呵地笑了起来，插嘴说："这玩笑开大了！"

"可不是嘛！"董曲江接着说，"阮伯元接到信件之后，马上郑重其事地邀集了浙省的几位名士，严小雅、张叔末等人，共同研究，但是各说各话，皆不相同。"

"后来阮伯元指为是宣和图谱中之某鼎，即加跋于后，说铭文中某字某字，皆与图谱相合，某字因年久驳蚀，某字又因拓印不良，以致漫漶不清，实在绝非赝品，写了一大篇。"

纪晓岚又忍不住叫了起来：

"哈哈哈！荒唐！真是妙极了！"

"他那位门生看了阮伯元的跋文，哈哈大笑，奔告砚友，一时传遍了京师，因此有人给阮伯元起了个外号。"

董曲江说到这里打住了话头，问纪晓岚："你可猜得出叫什么？"

"莫非是烧饼行家？"晓岚回问。

"哈哈哈，一点也不错。"

这一天之后，没有多久，居然听说，那个孙姓古董商，当真说动了一位名士，以一百两银子的代价，将那块瓷瓦片买了去。晓岚因而有感，写了一首诗：

> 铜雀台址颓无遗，
> 仍乃剩瓦多如斯？
> 文士倒有好奇癖，
> 心知其妄姑自欺。

平生雅不信古物

冷风热雨讥时弊

　　纪晓岚自己逢迎乾隆帝，可他却看不惯别人溜须拍马。这也是他为官的政治手腕之一，他在文章中大肆讽刺讥笑溜须拍马的人，绝不是一吐为快，而是借以与他们划清界限，在同僚中树立自己清明正直的形象。

　　有一个曹翰林，曾去拜见纪晓岚，纪晓岚闭门不见，原来其人以前久不得派任乡试考官，焦急难耐，于是使出钻营的手段，趋谄权贵，担心不能得力，就让其妻子拜文华殿大学士于敏中的夫人为干娘。但是，时间不长，于敏中因为广收贿赂，事露受责，势力衰微。

　　曹翰林见大树已倒，又去投靠东阁大学士兼吏部尚书梁诗正，复以妻子拜梁夫人为干娘。

　　曹妻往来梁尚书家中，与梁尚书十分亲昵，时常住在梁府。

　　梁诗正早朝，曹妻就先取朝珠在胸膛上温热了，然后给尚书亲自悬挂，其夫妇的谄媚功夫，可说是到了家啦。

纪晓岚对这曹翰林的作为，极为蔑视，作诗嘲笑道：

昔年于府拜干娘，

今日干爷又姓梁。

赫奕门庭新吏部，

凄凉池馆旧中堂。

郎如有貌何须妾，

妾岂无颜只为郎？

"百八牟尼"亲手挂，

朝回犹带乳花香。

明朝权相张居正，讲述过一个大官怕小吏的官场故事。

张居正说，军队将校升官，论功行赏，取决于首级。一颗一级，规定得清清楚楚。从前有个兵的小吏，故意把报告上的一字洗去，再填上一字，然后拿着报告让兵部的官员看，说字有涂改，按规定必须严查。等到将校们的贿赂上来了，这位吏又说，字虽然有涂改，仔细检查贴黄，发现原是一字，并无作弊。于是兵部官员也就不再追究。

张居正问道：将校们是升是降，权力全在这个小吏的手里，你不贿赂他行吗？

这个故事有个时代背景：当时将校们很少有不冒功的。号称斩首多少多少，其中多有假冒。追究起来，他们砍下来的很可能是当地老百姓的脑袋，所谓滥杀无辜。如果没人较真，这些脑袋就是战功，大家升官发财，万事大吉。如果有人较真，这些脑袋就可能成为罪证，这帮将校罪过不小。所以，将校的命运确实在相当大的程度上掌握在那位小吏的手里，尽管他的官未必及得上人家手下的一个排长。

张居正总结说：人们怕那些吏，一定要贿赂那些吏，并不是指望从他们手里捞点好处，而是怕他们祸害自己。

清代的"小军机"就是这样一些小吏。纪晓岚写过一首题为《小军机》的诗，对小军机在家作威作福，上朝卑躬屈膝的丑态作了极为生动的描述。诗云：

> 对表双鬟报丑初，
> 披衣懒起倩人扶；
> 围炉待女翻貂褂，
> 启匣狡查理朝珠；
> 流水是车龙是马，
> 主人如虎仆如狐；
> 昂然直入军机处，
> 低问中堂到也无。

纪晓岚六十岁以后，三迁御吏，三入礼部，更有两次执掌兵符；也曾因为在都察院左都御史任中，以鞫狱不实而革职；又因孝淑皇后奉安，陈奏失词而改降。

但是实际上都是仍留任上，所谓"革"与"降"，只不过说说而已，可以说是朝廷对他的殊遇。

晓岚晚年，渐爱下棋，故曾自号"观奕道人"，与竹林禅寺主持了云和尚为棋友，一日午后趋访，适了云外出未归，晓岚乃独坐廊下等候，及了云和尚归寺，两人对答乃成一联：

> 竹寺等僧归，双手拜四维罗汉；
> 月门闲客住，二山出大小尖峰。

上联中之"竹寺"合而为"等","双手"合而为"拜","四维"合而为"罗"("罗"的繁体字为"羅");下联之"月门"合而为"闲","二山"合而为"出","大小"颠倒相叠，则又为"尖"，可谓妙绝。

晓岚与了云和尚二人，下起棋来便忘记一切，直至深夜仍不肯罢休，小沙弥来报，夜深寺门已闭，晓岚乃掷子以闭字出联曰：

门内有才方是闲；

了云随口答出；

寺边无日不知时。

足见了云和尚也是一位饱读诗书的高僧。

督粤期间，有一天晚上和一位王姓棋友下棋，晓岚的棋艺本不如他，但是当晚却连赢二局，心下正感奇怪，意欲动问，王氏却先开口了：

"贵属刘鼎臣，承蒙纪大人器重，十分感戴，如今想有个请求，托兄弟代陈，不知当讲不当讲？"

"原来这就是王兄输棋的原因！"纪晓岚心里有些不快，"有话你就直说吧！"

"事情是这样的！"王某小心翼翼地说，"刘兄想谋个剧县（政务繁忙的县）令，希望纪大人能鼎力成全！"

纪晓岚一听，发出一串讥讪意味的笑声：

"想做县令，还要挑地方，哪有这么如意的事啊？"

"纪大人是当朝重臣，如果肯出面保荐，想必不成问题！"

王某陪着一副谄媚的笑脸。

纪晓岚站起身，背剪着双手摇摇头说：

"倘若官可以自择，我宁可不做这一品大员，给个阳朔县令就心满意足了！"

"纪大人不是说笑话吧！"王某有点不信。

"这是我的肺腑之言，怎么是笑话！"

"阳朔山水秀甲天下，我阅兵经过，至今梦寐不忘，若能做阳朔令，此生何求？"

王某嗫嚅着还想说什么，纪晓岚已沉下脸色拂袖而去。从此再不与王某下棋。

属吏刘鼎臣听说此事后，自惭形秽，也辞职离开了。

领纂《四库全书》

纪晓岚自新疆奉诏还京后，可以说是"否极泰来"，从此一帆风顺。

乾隆三十八年，擢升侍读，开四库全书馆，命晓岚为总纂官，与陆耳山（锡熊）两人主其事，校覆古籍，并诏求天下遗书，一万三千余部，厘其应刊、应钞、应存，依照经、史、子、集，分门别类，列成总目。

《四库全书》的编校，是乾隆年间的一件盛举，也是纪晓岚一生的重大成就。两百卷提要，整整写了八年，前后总共费了十三年，才全部完成。

单是各部门的分校官，就动员了儒臣两百四十九人，誊录员一千人，自总裁官以下，总共有四千三百多人参与其事，设"总阅""总纂""总校""提调""缮书"各处，分别在翰林院及武英殿展开了工作，其编辑规模之庞大，恐怕是创下了全世界的空前纪录。分别建"文渊""文津""文溯""文源""文汇""文宗""文澜"等七阁，贮藏了十七万二千六百二十六册全书。把中国学术文化典籍，几乎包揽殆尽，真可说是"汗牛充栋"，洋洋大观了。

晓岚编纂《四库全书》，日坐书城，博览群籍，寻章逐句，非常辛劳。

这一年，高宗乾隆已六十三岁，他恐怕自己看不到《四库全书》的完成，又传谕采择四部要集，编缮《四库全书荟要》，并分缮两部，一部贮藏于紫金城内的摘藻堂，一部置在长春园味腴书屋，每部容书四百七十三种，装成一万一千一百五十册。

所谓"四库"，是"经""史""子""集"四类的意思。

四库馆成立之后，诏征天下遗书，最重要的明成祖《永乐大典》却始终没找到，纪晓岚为此很着急，因为四库馆编列的正总裁官，虽多达十六人，皆系郡王、皇子、大学士、尚书等。副总裁官也有十人之多，但真正负责实际编纂工作的，则只有纪晓岚一个人。

翰林朱竹坨跟纪开玩笑说："看来《永乐大典》，大概是李自成攻占京城的时候，被他垫了马蹄子了！"

庚辰探花王文治，则郑重其事地向晓岚建议："我看你不妨斋戒三日，祈神指点，也许会有奇迹出现。"

在一般人来说，斋戒三日，并不是一件困难的事，三天不吃荤腥，不近女色，一霎而过，算不了什么。

可是在纪晓岚，却成了很大的痛苦，因为他数十年来，日常生活，每餐只食精肉，配以浓茶，从不食蔬菜和米面，如今要他吃素三日，无异是一种难堪的刑罚。

晓岚自幼精力旺盛，婚后三十年，除了在不得已的情况下之外，几乎夜不虚度，虽然年届半百，仍然如故，所以要他三日不近女色，也不好过。

王文治对他的癖好非常清楚，所以建议他斋戒三日，表面上是一番好意，骨子里却是出难题，开晓岚的玩笑。

纪晓岚是何等精明的人物，自然一听就明白了王文治的意图，可是他考虑的结果，居然愿意忍痛照办，这一点颇出王文治的意料之外。

"你当真愿意斋戒三天？"王文治有点怀疑晓岚的诚意。

"为了能找到《永乐大典》，做点牺牲是值得的，况事关鬼神，说话岂能儿戏？"纪晓岚倒一本正经起来。

说也奇怪，纪晓岚斋戒不到两天，宫中的小太监，在内廷继续寻找的时候，爬到"敬一亭"的顶架上，却意外地发现了尘封三百余年的《永乐大典》。

"嗨！找到了，找到了！"立刻引起小太监们一阵热烈的欢呼。

各省进献的书籍，也源源不断地运到，堆积如山，分发给各分校官，作初步的校勘。

纪晓岚鉴于原书皆大小长短不一，编纂后，如果全部木刻，不但费时过久，而且费用可观，不如全部改用手抄，一则便于更改原著，再则大小可统归划一，同时也能节省一部分开支。

于是经签请圣裁后，召集京中善于书法的举人、贡生、监生数百人，派为录员，负责抄写，并订定了一项奖励办法，规定每人每日抄写一千字，扣除领书交书时间外，每年须抄三十万字，按时登记，五年议叙。

这办法实施后，果然有效，誊录进度，颇为顺利。

一般人批评乾隆帝"好大喜功，目空一切"，可是他在位六十年，论武功，荡平准噶尔回乱，拓土两万里；平大小金川、平台湾、西藏等。论文治，开《四库全书》，嘉惠士林，在满清诸帝中，算是一个有建树的皇帝。他在《御制文渊阁记》里说：

余搜四库之书，非徒博右文之名，盖如张子所云："为天地立心，为生民立命，为往圣继绝学，为万世开太平，胥于是乎系。"

另外还有《高宗御制诗文集》，多达五百余卷，足见其文治与武功，确为前代所未有。

纪晓岚受命编纂《四库全书》，殚精竭虑，全力以赴，唯恐有负乾隆之倚重，他戴着一副近视眼镜，整天手不停披，有时竟至整日不归。

有一天，乾隆驾临圆明园，巡视《四库全书》编纂的情形，发现纪晓岚双目红肿如桃，布满红丝，追问他何以致此，这一下可把他给难住了。

"回奏圣上，微臣是……是……"晓岚吞吞吐吐，欲言又止，改口说，"微臣并非因为校书过劳。"

乾隆觉得好生奇怪，纪晓岚一向应对答如流，辩才无碍，什么事居然使他嗫嚅嗫嚅，变成木讷了。于是又问：

"噢？那倒是为什么？"

"微臣惶恐，微臣实有难言之隐，恐辱圣听，不敢率尔直言。"纪晓岚仍然没奏明原因。

"有何隐衷？但说无妨。"乾隆仍追问不舍。

晓岚正急得没办法，在他旁边的陆耳山替他解了围：

"圣上明鉴，纪学士不便启奏，臣愿代为陈述，实因其有不习鳏宿之癖，否则即有双目赤肿现象，近以忙于编校工作，已数日未归，故而……"

"噢？会有这种事？哈哈哈！"乾隆说了，捋着胡须，发出一串意味深长的笑声，没有再等回话，就匆匆离去了。

纪晓岚擦了擦额头上的冷汗，如释重负。

王文治幸灾乐祸地发出挑衅性的嘲笑：

"风流大学士，急成红眼牛！"

南书房里，一霎时笑声掩盖了一切。

过了不到一个时辰，已经恢复平静的南书房，只听到翻动书页的细微声音。

忽然有人宣呼：

"圣旨到！"

接着拥来了一簇人，一个领头的太监，手捧着圣旨到了门口，大声说：

"翰林院侍读学士纪昀接旨！"

大家一听都愣住了，尤其是纪晓岚，心里头一下子像有十五只吊桶，七上八下地翻腾着，不知道是吉是凶。

一面趋前两步，下跪接旨，嘴里一面称颂：

"吾皇万岁！"

其他的人也跟着跪了下来。

于是，太监开始宣读圣旨：

"奉天承运，皇帝诏曰：'文章华国，千古立心，纪卿能善体朕意，劳心焦思，尽瘁馆务，忠勤可嘉，着将宫女蔼云、卉倩二人，赐为侍姬，以慰辛劳，钦此。'"

"微臣遵旨，叩谢皇上隆恩！"纪晓岚心里的十五只吊桶，这才一下子全落了地。

两个梳着大扳头的宫女，一个燕瘦，一个环肥，虽非绝色，倒也明眸皓齿，妩媚动人，她们姗姗地走到纪晓岚面前，一边施礼，一边同声说：

"奴婢蔼云、卉倩，见过纪大学士。"

这么一来，把个一向惯于作弄别人为乐的纪晓岚，弄得居然面带羞涩地局促不安起来。

"圣上对纪兄的圣眷之隆，真是前所未有啊！"王文治的心下，多少有点酸葡萄味道，"想必这两位美妙的御医，定可使阁下的眼疾，药到病除了。"

陆耳山笑嘻嘻地向晓岚讨人情：

"你别忘了，我为你代奏的功劳，要好好谢我才成啊！"

"哼！你先慢点得意。"王文治说，"要是晓岚兄就此眷留宫中，不肯回府，马夫人和明玕、玉台晓得了内情，你可得防着她们发了雌威，会打破你的脑袋当醋坛子用啊！"

圆明园的南书房里，再度激荡起了他们风趣的谈笑。

纪晓岚自五十岁担任《四库全书》馆的总纂官，到了五十七岁，经过八年的岁月，才完成了提要，进呈御览。

实际上，以后又断断续续复勘，一直拖到乾隆五十五年，才终于送藏七阁。其中经历了十九个年头，才最终完成。

前后参与编校缮的总人数，多达四千三百余人，缮藏的书籍共有卅一万两千册，实在是我国典籍的一次最大的集结。

乾隆四十三年，初览进呈的部分抄本，发现讹误很多，曾于五月二十六日批谕：

> 进呈各书，朕信手抽阅，即有讹舛，其未经指出者，尚不知凡几？既有校对专员，复有总校、总裁，重重复勘，一书经数人手眼，不为不详，何竟漫不经意，必待朕之遍览乎？若朕不加检阅，将听其讹误乎？

因此，负责校勘的官员，遭受处分的人次，为数甚多，仅有纪晓岚一人，是上谕特准免议的。

从此以后，校及考核更严，经纪晓岚复勘文津阁的藏本，查出誊写错落字句，偏谬各书六十一部，漏写永乐大典三部，漏写遗书八部，缮写未全者三部，坊本抵换者五部，文字舛误者一千余条。

其他六阁的藏书，自然也会有类似的情形，事实上，那么多的书，讹误势所难免。再说他们校勘官员，还有一段拍皇帝马屁的可笑秘辛：

就是书中每一页的头一个字，故意写成错字，是要留待乾隆校出指斥，以示皇帝圣明天纵。

如果错字没有被乾隆发现，则校勘的官员，更不敢改正，遂成为定本了，这岂非荒天下之大唐？

还有人认为，乾隆编纂《四库全书》不用刻本，改以手抄，主要因为易于篡改史籍。此说也不是完全没有道理，因为《四库全书》里面，凡是"胡、虏、贼、寇"一类的字眼，都被改换了。例如："胡"改为"金"，"虏"改为"敌"，"贼"改为"人"；"虏廷"改为"北廷"，"入寇"改为"入塞"，"南寇"改为"南侵"等，不胜枚举。

领纂《四库全书》

魑魅出没的年代

人类自有历史以来，越早似乎对鬼神的迷信越深，直到今天，谁也无法证实其有无，难怪孔老夫子说："敬鬼神而远之，可谓智矣。"

三百年前的纪晓岚时代，上自公卿士大夫，下至贩夫走卒，非常流行"扶乩"的名堂，如今看来，只可当作一种笑话来看。纪晓岚和他父亲姚安公，都曾经有过"扶乩"卜问前途的事。这也是纪氏创作《阅微草堂笔记》的基础。

纪容舒未第时，"扶乩"卜问功名。

判说："前程万里！"

又问："及第当在何年？"

判说："及第须候万年！"

当时对判词感到摸不着头脑。后来，等他在康熙癸已，万寿恩科进士及第的时候，才恍然大悟，"扶乩"判词所说他及第须候"万年"的意思。

纪容舒在户部、刑部任职多年，最后外放到迢迢万里之外的云南姚安府做知府，告老还乡终养，又想到以前"扶乩"的判词，说他"前程万里"，岂不是也应验了？

因此，纪晓岚认为，"扶乩"之道虽说不清道理，却也有玄机，他在《滦阳消夏录》中曾就此事写道：

> 大抵幻术，多手法捷巧；唯扶乩一事，确有所凭附，然皆灵鬼之能文者耳，所称某神某仙，固属假托，即自称某代某人者，叩以本集中诗文，每多云年远忘记，不能答也，其扶乩者，遇能书者即书工，遇能诗者即诗工，遇全不能者，则虽成篇而迟钝。

这是晓岚写他对"扶乩"的看法和经验，同时他又举证说：

> 余稍能诗而不能书，从兄坦居能书而不能诗，余扶乩则诗敏捷而书潦草，坦居扶乩，则书清整而诗浅率，余与坦居，皆未容心，盖亦借人之精神，始能运动，所谓鬼不自灵，待人而灵也，著龟本枯草朽甲，而能知吉凶，亦待人而灵耳。

这些话都是晓岚亲身体察的观感，当非信口雌黄，事实上，生活在那个时代，鬼狐神怪的传说，充耳皆是，实在由不得你一点也不相信。

纪晓岚小的时候，在老家"上河涯"的水明楼，跟他初恋的小情人文鸾一起玩的时候，大人们常嘱咐他俩，千万不可去晴湖哥那栋东楼鬼屋。

那座楼房，原是他们纪家的老宅，建于明朝的万历年间，距晓岚幼时已有一百八十余年的历史。

据说那儿楼上楼下，先后曾经吊死过七人之多，谁要是不信邪，住进去就倒霉，于是便成了禁地。

这件事对晓岚的印象非常深刻。

有人说，只有阳气衰的人，才会遇见鬼，一旦碰上了，不死也要蜕一层皮。晓岚家的家奴刘田，就遇见了这样的事：

有一年夏天，刘田驾了一辆牛车，送他老婆回娘家，因为赶时间，也是想晚上凉快，就在夜里上路。

走到半夜里，他老婆突然惊慌地小声告诉他：

"牛车前面有个大头鬼！"

刘田仔细一瞧，果然有一个乡下妇人，头上罩了一顶鸡笼，居然又唱又跳起来。吓得刘田下巴须直打哆嗦，闷声不响地继续前进。

他们夫妻俩，既怕看，又禁不住偷偷地看，那个顶着鸡笼的妇人，一会儿跪在牛车前面，一会儿又跟在牛车后头，足足闹了大半夜。

忽然远处传来一声鸡啼，那妇人惊慌不迭地急忙将头上的鸡笼取下来，往刘田的牛车上一扔说：

"晚上凉快，找你们夫妻俩解解闷儿，可别见怪啊！"刘田夫妻俩听了，不看也罢，抬头一看，发现那个妇人没有头，一晃就不见了

他们俩吓得心惊肉跳，回家之后，两人都生了一场大病，还算刘田命不该绝，卧床一个多月，又捡回了一条命，他老婆却呜呼哀哉了。

这件事就发生在纪晓岚的身边，让他不得不相信，冥冥中确有鬼的存在。

多年后，晓岚在田白岩家遇一狂士，适逢田某"扶乩"，降乩者说是卧虎山人，当时大家都焚香拜祷，唯独狂士不但不跪，而且斥说：

"这种江湖术士的把戏，手法熟练罢了，哪有神仙每天听人呼唤，供人差遣的道理！"

想不到他的话声一落，仙即刻写出了一首坛诗：

鶗鴂惊秋不住啼，

章台回首柳萋萋；

花开有约肠空断，

云散无踪梦亦迷；

小立偷弹金屈戌，

半酣笑劝玉东西；

琵琶还似当年否？

为问浔阳估客妻。

当时在场的人，看了这首诗，都觉得莫名其妙，不知所云；只有那位狂士一见，大惊失色，声音颤抖地说：

"啊！这……这是我作的诗嘛！原是写给一个青楼女子的，并无存稿，仙怎么会知道？"

仙又写出了判词说：

"此女既已从良，此诗幸未寄达，否则即是窥人闺阁矣！大凡风流佳话，多是地狱根苗，昨见冥官录籍，故得见此诗记之。"

"冥……冥官录籍？啊呀！仙家莫记小人过，方才在下出言无状，罪过！罪过！"狂士惶恐地说着，一下子矮了半截。

判词又说：

"孽海风波，回头是岸，山人饶舌，实具苦心，尚勿讶多言也。"

"岂敢！岂敢！在下一定改过！"狂士连声答应，这会儿又变成了一只磕头虫，前倨后恭，判若两人，令人看了觉得可笑。

事后，纪晓岚回府，将经过向他父亲姚安公述说了一遍，同时说：

"我所见过的扶乩，只有此仙不谈咎，而好劝人改过，大概是灵鬼中的耿介之流。"

他父亲听了则说：

"唯如此方严，即鬼亦当敬也！"

可是乩仙并非个个令人信服，纪晓岚的门人吴惠叔，有一次在纪府"扶乩"，请到的乩仙，自称是宋朝的三丰道人，结果闹了一场笑话。

当时名满天下的围棋高手程念伦，北游京师，住在纪府作客，故亦在座。

吴惠叔突然灵机一动问乩仙：

"善下棋否？"

仙写了一个"能"字。

于是乃请程念伦与乩仙对奕，程氏初则期期以为不可，暗忖和仙下棋，哪还有赢的份儿？但是经不起大家一再坚邀，只得硬着头皮一试。

一开始下了几子，程念伦瞠目不解，以为仙机莫测，看不出对方落子的用意，心下越发紧张起来，深恐有损名誉，苦思冥想，冷汗直流，手颤抖得连棋子也几乎捏不住了，好半天思考，才小心翼翼地放下一子。

围观的人，更是屏息静气，不发一言，等着看个究竟，一切都寂然无声，只有棋子落下的声音。

过了一阵子，又下几手棋之后，程氏发现乩仙的棋路，不但并无妙着，而且稀松平常，于是放手攻击，不久乩仙即一路溃败，终至全军覆没。

一时围观的人都笑了起来。

仙即大书：

"我本幽魂，暂来游戏，托名张三丰罢了，因初学弈技，故而答应与程君一试，既为所败，现即离去。"

吴惠叔感慨地说：

"想不到在天子脚下，居然鬼还敢诳人！"

纪晓岚说：，

"他一落败就说了实话，足见不是恶鬼。"

程念伦笑呵呵地拊掌而起：

"真想不到，今天居然和鬼下了一盘棋！"

"我在福州使院的时候，认识了一位张天师。传说他使唤的仆役，都是鬼神。"纪晓岚说出了他在福建督学时的一段往事：

那位张天师的名气很大，常和地方官吏平起平坐，有什么大的节日祭典，也都有他参与其事，深得百姓们的敬重。据说有一次某客人造访，他告诉那位客人，端茶给他的仆役，乃是雷神，客人听了哈哈大笑，又说了一些不敬的话，结果在回去的路上，遇见了雷雨，一路被雷霆追击，几乎被打死。

晓岚和这位张天师很熟，有一次祭典，两人一同陪祭，已经到了地方，天师发觉他忘了戴朝珠，要向晓岚借用，晓岚跟他开玩笑说：

"雷神跑得最快，为何不差他去拿来？"

张天师尴尬地笑了笑，没有说话。

可是晓岚带去的家仆纪成，居然夜夜被鬼骚扰不停，这天晚上，他多喝了酒，半夜里觉得不对劲的时候，仗着酒胆，大声喝叫：

"我家主人是张天师的好朋友，你再敢来胡闹，明天就找他派雷神来打你！

想不到果真有效，从此再也没有鬼来打扰他了。

在座的戴东原听完了晓岚的叙述，接着问大家：

"你们可听说过鬼也有隐士？"

"鬼隐士？"吴惠叔问。

程念伦赢了乩仙一盘棋，心下很愉快，这会儿一听说什么"鬼隐士"，他满面春风地又搭上了腔：

"这倒新鲜！鬼里面居然也有隐士？"

戴东原慢条斯理地讲了一件事：

有一位姓宋的风水先生，为了看风水，走进了一座深山，突然遇上一场大雨，他急急忙忙找到一处岩洞，想跑进去躲避一下风雨。

没想到刚进洞口，里面有人说了话：

"不要进来，这儿有鬼！"

"那么你老兄为什么呆在里边？"宋某以为里边的是个人，于是应道。

里边又传出了那人的声音：

"我就是鬼呀！"

"嗨！鬼有什么好怕的？"宋某仍以为那人在跟他开玩笑，"咱们俩聊聊，不是很好吗？"

"话是不错。"洞里的声音很平静，"我跟你见面也不要紧，不过阴阳气隔，你会不舒服的，不如你在洞口，咱们就这样聊聊吧。"

宋某听他这么一说，才半信半疑他当真是鬼，多少有点怯生生地问道：

"你们鬼怕不怕人呢？"

"实际上天下最可怕的是同类！"声音里带着感慨的意味，发人深省。

宋某觉得这个鬼的言谈不俗，于是又问：

"你的墓在哪儿？鬼总该有个坟墓吧？"

那鬼长叹了一口气说：

"我生前是一个县令。"

"噢！原来你还是一位县太爷，失敬！失敬！"宋某这时已忘了害怕。

"我是为了讨厌仕途的货利倾轧，弃职归田。"

鬼说："我死了之后，向阎王请准不再转生人世，甘愿改判为阴官。"

"既然你是阴官，为何在这荒山野地呢？"

那鬼经宋某如此一问，又是一声浩叹：

"唉！想不到冥司也和阳间一样，争权夺利，于是我又弃职归墓。"

"你的墓就在这儿？"

"不，墓在山下众鬼之间。"那鬼说，"鬼际的往来，比人间还要啰嗦，我不得已才跑到这儿来隐居。"

宋某只听到鬼的声音，仿佛就在面前，却看不到他的影子，他迟疑了一下又问：

"难道你不怕寂寞吗？"

"凄风苦雨，纵然萧索难堪，可是比起人心的险诈，和鬼蜮的伎俩，要平安得多了。"

"你来这儿很久了吗？"宋某问。

"空空寂寂，几忘甲子，与鬼隔绝，也不知已过多少年了！"鬼答。

宋某称赞鬼说：

"你倒是一位看破红尘的逍遥隐士啊！"

"本来我自喜已解脱一切烦恼，平平静静地做一个孤魂野鬼。"鬼说，"想不到这里又通了人迹，雨停之后，我就远离此地。"

"喂！这又何必？……"宋某再问他话，已寂然无声，回头看看洞外，原来雨已停了。

魑魅出没的年代

亦庄亦谐话宋儒

纪晓岚诙谐归诙谐，但是在做学问方面，却一点也不含糊，而且有其独特的见地。

他反对泥古不化，常常拿他祖父的一个朋友刘羽冲的故事，做为例子说给别人听。

刘羽冲是邻县沧县人，跟他的祖父厚齐公，诗酒唱和，时有往来，只是他生性孤傲，一切崇尚古制，思想顽固得不得了。他在一个偶然的机会里，得到一本古人的兵书，埋头苦读了一年之后，充满自信地说："我可以做领兵十万的大将军了！"

正巧那时候，地方上出现了一小股土匪，横行乡里，于是他自办团练，教习战斗，想不到和土匪一战，竟全军覆没，差一点连自己的老命也赔上。

以后，他又弄到一本研究水利的古籍，如获至宝，又潜心钻研经年，向人夸口说："我要使本乡变成千里沃野！"于是绘图设计，呈给地方官，官方命他先拿一个村子做试验，开沟渠，修水道，忙了很多天。

适逢天雨，洪水暴涨，所做沟渠，正好把洪水引进来，却无法排出去，将整个村落变成了泽国，造成很大的损失，桑梓父老，无不对他怨声载道。

从此他抑郁不得志，自觉无颜见人，一天到晚在家里走来走去，嘴里喃喃不停地反复念着一句话：

"古人岂欺我哉！古人岂欺我哉！"

不久，这位可悲而凄凉的人物就与世长辞了。

晓岚就此事所作的批评是：

"泥古者愚，满腹皆书能害事，腹无点墨也能害事，国弈不废旧谱，而不执旧谱；国医不泥古方，而不离古方，故曰：神而明之，存乎其人。能与人规矩，不能与人巧。"

这是立场极为超脱客观，而世事洞明的见解。

晓岚对以朱子、程子为首的宋儒所倡理性之学，及经解注疏，极为排斥，写了很多文字加以责难。

当时的戴东原、刘石庵、袁子才等人，也都跟他持有相同的见解，但以晓岚最坚决而彻底，他的言论立场，也比较客观而具体。

他认为宋儒以与佛释结合为理学之发生，因性而言理气，终极太极无极之说，已远离儒学，故加以反对，他曾说过一段很有分量的话：

　　圣人立教，使天下知所持循而已，未有辨也；孟子始辨性善，亦阐明四端而已，未争诸性以前也，至宋儒因性而言理气，因理气而言天，因天而言天之先，转相推，而太极、无极之辨生焉。

这是晓岚说明宋儒理学思想发展的来龙去脉，下面的文字，则是批评宋儒的缺失。他说：

> 夫性善性恶，关乎民彝天理，此不得不辨者也；若夫言太极不言无极，于阳变阴合之妙，修吉悖凶之理，未有害也；言太极兼言无极，于阳变阴合之妙，修吉悖凶之理，亦未有害也。
>
> 顾舍人事而争天，又舍共睹共闻之天，而争耳目不及之天，其所争者，毫无与人事之得失，而曰：吾以卫道。学问之醇疵，心术人品之邪正，天下国家之治乱，果系于此二字乎？
>
> 惟朱子作为有理无形以解之，然附和朱子者，其说亦不可究诘。

这一段话，就是纪晓岚对以"卫道"者自居的宋儒，质疑和责难的主要理由。

同时他为了将以上的理由，说得更具体而明白一点，特别举出中医对三焦的争论，来做为印证。他说：

> 譬如医家之论三焦也，或曰：有名而无形；或曰：上焦如雾，中焦如沤，下焦如渎，实有名而有形；喧阗，动盈卷帙。
>
> 及问其虚实之诊，则有形与无形一也，问其补泻之方，则有形与无形亦一也。然则非争病之生死，特争说之胜负耳。太极无极之辨，何以异于是哉？

另外，晓岚对读书人死背宋儒经解注的风气，更是大加挞伐，不只是作理论性的正面攻击，更假托一些鬼狐故事，予以深刻地讥讽。

例如在《滦阳消夏录》中，他说：

有一位书生，夜行乱葬坟间，见一老先生正给学生授课，仔细一看，原来学生都是小狐，想必那位老先生乃是老狐仙了。

当时书生的心头不免一懔，继而一想，狐既读书，应不致害人，于是就试着慢慢走过去，跟他们打招呼：

"你们读书做什么用呢？"

白发如霜的老狐仙，微笑着回答：

"我们是要修仙啊！"

"修仙也要读书吗？"书生又问。

"我们修仙，有两条途径。"老狐仙说，"一是采精气、拜星斗，通灵成正果，是由妖而仙。

"噢"？书生说，"那么另一条途径呢？"

"另一途径是炼形为人，讲习内丹，是由人而仙。前者易入歧途，干犯天条；后者吐纳导引，非旦夕之功，较为困难。"老狐仙仪态从容地侃侃而谈，俨然是一副老学究的派头。

"那么你们又何必读书呢？"书生还是弄不明白。老狐仙笑呵呵地说：

"先读圣贤书，明三纲五常，变化心性气质，这才是正途，形不变而心变，心化则形自化了啊！"书生听完了老狐仙的这番话，才明白其中的道理。他再看看那些围在老狐仙身边的小狐，一个个捧着书本，学人站立的样子，他好奇地凑近去，看他们究竟读些什么书，发现也是《五经》、《论语》《孟子》，所不同的是，他们的书，只有经文，而无注解。

书生觉得很奇怪：

"有经无注，怎么能讲解呢？"

老狐仙仍然一副笑呵呵的样子答道：

"我辈读书，但求明理，圣贤言论，本不艰深，口相教授，疏通训诂，既可知其义旨，何必有注？"

书生心里想：人类读书，尚且注解连篇累牍，犹觉难解，难道狐比人还要高明不成？可是看看老狐仙白发苍苍，那副仙风道骨的模样，乃又问他：

"老先生，今年高寿？"

"哈哈哈！我记不清喽！"老狐仙将一将满把的白胡子说，"我只记得受经之日，世上还没有印刷的书本，全是些刀刻的竹简而已！"

"啊！那您岂不是有七八百岁了？"书生惊讶地问，"您看古今有什么不同呢？"

"唐以前只有儒者，北宋后才有圣贤的分别，"老狐仙说，"也许就这点不同吧！"

书生越听越糊涂，只好作揖告别而去。

其实老狐仙的这些话，正是纪晓岚的心声。

虽然如此，不过他对宋儒的批判，并无过激之处。他曾拿宋儒和汉儒，作过一番客观的比较和评论。他曾说：

> 汉儒以训诂专门，宋儒以义理相尚。似汉学粗而宋学精，然不明训诂，义理何自而知？概用诋诽，视犹土苴；未免既成大辂，追斥飞轮，得济迷津，遽焚宝筏。

这一段话，可以说是纪晓岚平心静气的论断，并无火药味。同时他作了进一步的说明：

> 汉儒重师传，渊源有自；宋儒尚心悟，研索易深，汉儒或执旧文，过于信传，宋儒或凭臆断，勇于改经，计其得失，亦复相当。惟汉儒之学，非读书稽古，不能下一语；宋儒之学，则人人

亦庄亦谐话宋儒

155

可以空谈。

这几句话，真是一针见血的持平之论，若非洞察事理，难有此确切充当的分析；若无恢宏的胸襟，亦难有此超脱客观的评语。晓岚不愧是一代博学鸿才的大儒。

他之所以非难宋儒，说起来也是不得已，对于这一点，他曾经加以说明：

"宋儒之攻汉儒，非为说经起见也，特求胜于汉儒也；后人之攻宋儒，亦非为说经起见也，特不平宋之诋汉儒而已。"

此外，他更引用了韦苏州的一首诗，为此事做了很好的注解。诗曰：

> 水性自云静，
> 石中亦无声；
> 如何两相激，
> 雷转空山惊。

这是纪晓岚除了编纂《四库全书》之外的重要表现，也就是他在做学问上，正经严肃的一面；所谓"亦庄亦谐"，他在两方面，都是杰出的人物。

佛门亦非尽净土

我们中国以前的社会，有三教九流之说。

"三教"，即指"儒、释、道"。

"九流"，乃是"儒、道、阴阳、法、名、墨、纵横、杂、农"。

回教偏居西北，清朝乾隆间迁回民入中原，与教外人士接触不多，对当时社会，没有什么影响。

基督教也是元代再次传入，影响尚小，纪晓岚时代尚未遍及民间。

那时候，僧、尼、道人、术士，则充斥各地，良莠不齐，恶僧、恶尼、邪门歪道，驱鬼招魂的妖道术士，为害社会。作奸犯科，惑众敛财的恶行，则时有所闻。

乾隆丁卯年间，河间献县有一大佛寺，寺产富甲一方，寺中方丈禅心大师，却是一个六根不净的恶僧，年轻的时候，曾经闹过驱邪骗色的丑闻，老来养尊处忧，仍然日食荤腥不绝。传说他最爱吃鸡蛋，而鸡蛋属"小五荤"之一，亦在戒食之列，所以他每次吃鸡蛋时，必是一面吞食，一面朗诵偈语：

> 混沌乾坤一壳包，
>
> 也无皮骨也无毛。
>
> 老僧送尔西天去，
>
> 免在人间挨一刀。
>
> 阿弥陀佛！大慈悲！大解脱！

他在每次喝酒吃肉时，则另念一首偈语。

> 酒肉穿肠过，
>
> 佛在当中坐；
>
> 且学济颠僧，
>
> 佯狂渡众恶。
>
> 阿弥陀佛！大妙用！大功德！

晓岚高中解元不久，前往该寺游玩，禅心大师已是须眉如霜，谈笑风生，状不似有传说中之恶行。

不过其言词俚俗，屡述接待地方官吏乡绅之苦，大叹不胜其烦，就像里间长舌妇，没有半点禅味。

晓岚听完他诉苦的话之后，劈头回了他一句话：

"大师既然如此苦恼，何不出家算了？"

"啊？！……"禅心大师一听，如遭当头一棒，半晌回不上话来，他知道晓岚在挖苦他，便不再多说。

寺内僧侣众多，钟鸣鼎食，生活优裕，好像不知民间疾苦为何事，晓岚心中非常反感。

禅心大师因慕晓岚才名，献茶敬烟，备极殷勤，并出示一幅自身画像，请其题诗留念。

晓岚推辞不过，乃提笔写道：

精神炯炯，

老貌堂堂；

乌巾白髯，

龟鹤呈祥。

禅心大师一看，如获至宝。接着又请晓岚为其新建禅房，书赠一联。晓岚乃乘兴振笔疾书一联云：

凤游禾荫鸟飞去

马走芦边草不生。

禅心大师大喜，乃请人精工装裱，悬挂正殿。

数年后，有位原籍河间，与纪晓岚有过交往的同僚中书君返乡扫墓，途经大佛寺，入内参佛，看到了纪晓岚所写的对联，不禁大笑。

禅心大师愕然询问究竟，中书君说：

"这是纪晓岚骂你啊！"

"啊！骂我？……"禅心大师仍看不出所以然来。实在他本来学识平平，谈不上有什么文学造诣。

中书君于是不得不向他解释说：

"凤游禾荫，鸟飞去则剩一几字，（注："凤"字中的"又"，繁体字原为"鸟"字）禾下有几，乃是'秃'字，马走芦边，草不生则为卢字，马边加一卢字，岂不是'驴'吗？前后两个字相连，是在骂你秃驴。"

禅心大师听了，这才恍然大悟，火冒三丈，命小沙弥立刻将那副对联扯下焚毁。

他又想到，纪晓岚在他画像上的题字，想必也非好语，急忙取出来请中书君过目。

中书君一看之下，更是哈哈大笑。

"莫非又是辱骂老衲？"禅心大师急着追问。

中书君抑制住笑声说：

"这四句本来都是好话，可是你如果横着只念头一个字，不正是骂你精老乌龟吗？"

这一下把个禅心大师气得七窍生烟，三把两把将画像一齐撕得粉碎，付之一炬。

但是纪晓岚对真正修持礼佛的僧尼，仍是相当尊重的，沧州他的外祖父张雪峰家，附近有一座'玄妙庵'，他小的时候，到外祖父家去，常到庵内游玩。

庵里总共有八位尼姑，年纪最长的叫'妙音师太'，大约有四十多岁，她礼佛虔诚，品德高贵，四乡百姓，对她都非常敬重。

她从不许妇女到庵中参拜布施，都是她们分头往四乡人家去，劝人信佛行善，敦亲睦邻，苦口婆心，不厌其烦。而且不论贫富贵贱，她们都是一般看待。

晓岚的外祖父家，有一女仆范嫂，对翁婆不甚孝敬。妙音师太有一天突然到了范家，范嫂和她婆婆一起出来接待，迎她入座之后，范嫂急忙从屋里拿出一匹布来，向妙音师太说：

"信徒家里贫寒，拿不出银钱来布施，就拿这匹布，表示一点心意吧。"

"阿弥陀佛！"妙音师太双手合十，高念一声佛号说，"善哉！善哉！"她接过布来，放在桌上。

范嫂的婆婆，忙着去里边替妙音师太倒茶。

这时妙音师太又拿起布来，交给范嫂说：

"女檀越的功德，我佛已经明鉴，既然蒙您布施，此布已是我布，现在时序已到了凉秋九月，方才见婆婆尚着单衣，这匹布就送给你，为她老人家做件棉衣吧！

范嫂听了，当时羞愧得面红耳赤，不知道该说什么才好，只好将布收下。

难得的是，她从此彻悟，孝顺翁婆，勤俭持家，邻里传为美谈。

纪晓岚因此特别替"玄妙庵"和"妙音师太"各作了一副对联，其为"玄妙庵"作的一联是：

活现女人身、不假须眉，能使古今称大士；
由来真佛子、本无色相，却从玄妙解观音。

联末上下分嵌"观音大士"四字，而且庵名"玄妙"二字，亦在联中；可谓贴切、工整，尤见禅机活泼，不落俗套。其另赠"妙音师太"一联为：

音果玄妙，始信聪明难与并，一言如醍醐灌顶，灵机感悟愚妇俗子；
佛亦称士，莫非释儒有同源？千载若须臾转瞬，慈航普渡苦海迷津。

首句亦暗嵌"妙音"二字，并含对妙音师太恰到好处的称颂，实在也不失为难得的佳句。

佛门亦非净土

可叹群芳纷谢时

在纪晓岚的侍妾中，他最宠爱明玕。她慧黠而善解人意，对晓岚伺候得无微不至，同时也很得马夫人的欢心，跟所有的家人相处得都非常融洽。

但是，她一直有一个怪念头，她曾经跟晓岚说：

"我要在四十岁以前死。"

"这是为什么？"晓岚诧异地问。

明玕一本正经地回答：

"女人在四十岁以前，尚未到人老珠黄的境地，死了还能赢得人家的怜惜和悼念，等到鸡皮鹤发人见人厌的时候死，那就太可悲了！我才不要呢。"

晓岚以为她只是随便说说罢了，没有再多问。

不料在马夫人病愈之后，明玕由于操劳过度，终于病倒了。而且她病得很严重，虽然每天都有医生到府诊治服药，却没有一点起色。

偏偏这时候正值纪晓岚忙于编纂《四库全书》，如果轮到他在圆明园当值，要满五天才能回家。

在明玕病危的那天夜里，晓岚当值住在圆明园旁边的海淀槐西老屋，由于心里记挂着明玕的病，一个夜晚，居然梦见她两次。

第一次梦中，他又回到了少年时代，在老家景城纪家的老宅院里，他和文鸾两人蹲在梧桐树下斗蛐蛐儿，遇到怪风的往事，居然又重演了。只是文鸾变成了明玕。

…… 眼看着明玕的蛐蛐儿"小红帽"，快要把晓岚的"黑将军"打败，突然来了一阵大旋风，一下子天昏地暗，黄尘滚滚，许多东西被卷上天去，在半空中打转儿乱飞，…… 楼顶被揭掉 …… 梧桐树连根拔起 …… 一切都跟儿时的情景一样，所不同的是，那一次他临危不乱，一把抓住文鸾，奔到廊下，及时抱住楹柱，救了她一条命。

这一回他却一时张惶失措，没有来得及抓住明玕，眼睁睁地看着她，喔的一声被卷上了云霄。

晓岚急得拼命大叫，霍然醒来，吓出了一身冷汗，这才发觉原来是在做梦。

"幸好这是一场梦！"

他揉了揉眼睛，自言自语地暗自庆幸。侍姬蔼云，被他的吼叫声惊醒来，问晓岚是怎么回事。

"抱歉，吓醒了你。"晓岚说，"我刚才是做了一场恶梦！"

这时辰还没有到三更，晓岚定了定神，心情平静下来之后，不久又走入了梦乡：

这次他回到了"上河涯"，他跟明玕在花园里玩，一会儿捉迷藏、爬老树；一会儿又看海棠、荡秋千，迷迷糊糊地一下子是明玕，一下子又变成了文鸾。

他依稀记得，是跟明玕两人同荡一个秋千，他俩面对面，合力荡来荡去，荡得越高，心里越高兴。

谁也没有想到，秋千的绳索突然断了，他们两人一齐跌落下去，他情急大叫，扑通一声摔倒在地，霍然醒来，发觉怀里抱的不是明玕，乃是蔼云。

"你又做了恶梦？"蔼云睡眼惺忪地问他。

晓岚怔忡而歉然地说：

"真糟糕！又把你吓醒了。"

"刚才我好象听到好大声音，不知道什么东西掉在地上了？"蔼云说。

"对！我也听到了，赶快把灯捻亮起来看看。"晓岚说着爬起身来。

蔼云已把桌上煤油灯的灯芯捻起，一下子光亮起来，两人搜寻之下，发觉原来挂在墙壁上的一个铜瓶子，绳子断了，掉落在地上。

"怪不得那么大声音，原来是这个铜瓶子。"纪晓岚拿起铜瓶来察看。

"奇怪！挂得好好的，怎么会突然掉下来呢？"蔼云困惑地问。

"是绳子断了！"晓岚看了看断了的绳子说。

"绳子又怎么会突然断了呢？"

"大概是风吹动的关系。"

经这么一折腾，已经过了四更，要再睡却怎么也睡不着了，两个人眼巴巴地挨到了天亮。

第二天，晓岚一直心神不宁，晚上回到家中，才听说明玕在头一天夜里，病势转危，曾经昏厥过去两个时辰，又悠悠地醒来。

她告诉她娘说：

"我刚才做梦去了海淀的槐西老屋，跟晓岚在一起，可是忽然像是有打雷一样的声响，把我惊醒了！"

晓岚问明了时辰，正是他第二次梦中跟她荡秋千，被铜瓶落地声响吓醒的时刻。

"她也听到了铜瓶的响声，莫非当真是她灵魂出窍，到了槐西老屋？"晓岚在心下暗想，"否则这又该如何解释呢？"

明玕见到晓岚回来，精神显得很亢奋，她取出了一张藏置很久的画像，交给女儿梅媛，梅媛是明玕所生的唯一孩子，只有七岁，长得聪明乖巧，十分可爱，是晓岚最小的女儿。同时明玕娓娓地向晓岚说："我想好了一首诗，请你替我写出来。"

晓岚点点头，叫玉台赶快取了笔砚来，一面听明玕念一面写出来：

> 三十年来梦一场，
> 遗容手副汝收藏；
> 他时话我生平事，
> 记取苏州沈五娘。

晓岚写完了诗句，纸上的墨迹还没干，他回过头再去看明玕的时候，发现她嘴角挂着微笑，已经溘然而逝了。明玕死时才三十多岁，果然应了她不要活过四十岁的话。

可是明玕的死，对纪晓岚来说，却是自文鸾死后的最大悲痛。

当年他遭受落第的打击，是文鸾救了他；文鸾死后，有明玕填补了他心灵上的空虚；如今明玕又死了，马夫人跟他只有相敬如宾的感情，玉台原是明玕的婢女，只有十八岁，而蔼云和卉情，也都是二十来岁，除了知道肤浅的享乐之外，她们又懂得什么呢？

于是，在他家中和圆明园，都突然失去了纪晓岚的笑声，在他心理上，当真陷入孤寂的境地了！

好多天，他都是痴痴地瞪着明玕的遗像发呆，甚至涔涔落泪。

他曾在明玕的遗像上题了两首诗：

其一

几分相似几分非，

可是香魂月下归；

春梦无痕时一瞥，

最关情处在依稀。

其二

到死春蚕尚有丝，

离魂倩女不须痴；

一声惊破梨花梦，

却记铜瓶堕地时。

纪晓岚对明玕念念难忘，万万想不到的是，他的痛苦还没有平复，玉台也相继病故。

晓岚这时候，想起明玕以前写的一首"咏花影"的诗来。诗中有"只怜两处是空花"的句子，正好成了明玕和玉台死亡的谶诗。

纪晓岚认为，这是作者的气机所动，不知不觉的一种自然流露。是耶？非耶？

此后，晓岚特别疼爱明玕所生的幺女梅媛，而且在她小小年纪，就许婚给太仆戈仙舟的儿子了。

可是，天实难问，三年之后，梅媛竟以十岁稚龄就夭折了，生死无常！这该怎么说呢？

可叹群芳纷谢时

驾前苦乐心自知

纪晓岚致宦五十二年，他以一介文士足登清要，不可不谓之得志；晚年入阁，位极人臣，"集成一品，光辅两朝"，不可不谓之显达，但是，在此之间又包含了多少屈辱、辛酸、惊悸、失落与遗恨。

他苦涩地品味自己在乾隆帝心目中的真实地位。

虽然，乾隆帝对他优容有加，他与乾隆帝之间也多有妙趣横生的应对，但是，当他向乾隆帝提出有关军国大政的建策时，乾隆帝变色叱斥：

"朕以汝文学尚优，故使领四库书，实不过以倡优蓄之，汝何敢妄谈国事！"

乾隆五十年四月，乾隆帝又在关于刑部覆检海升殴死其妻一案的谕示中称：

"其派出之纪晓岚，本系无用之腐儒，原不足具数。"

身为协办大学士却被斥为"无用之腐儒"，所谓"国之大老"亦只不过是"以倡优蓄之"。在君主的轻蔑眼中，他全然无人格、尊严可言。

想起官场狰狞的惊涛骇浪，自己无时无刻不战战兢兢，如履薄冰。他曾题"砚铭"云：

> 捧来官砚拜彤庭，
> 片石堪为左右铭。
> 岁岁容看温室树，
> 惟应自戒口如瓶。

这既是对自己的警戒，亦是对君主的表白。

为了应付君主不测淫威下的种种危机，他不得不曲身危行、自屈自卑。在校勘《四库全书》时，他甚至在书中醒目之处留下错误，留待乾隆帝校出指斥，以示皇帝圣明天纵。

为了取悦君主，他竭尽心力，多有歌功颂德的高明创制。尽管如此，他仍然时刻感到头上高悬着一柄利剑，不虞之祸随时可能从天而降。

记得有一次，皇上忽然宣召，要纪晓岚进宫面君，纪晓岚行在路上，猜测着皇上的意图，将新近朝里朝外发生的大小事件，一一在心中排队，以备皇上察问。尤其是自己职责之内的事情。更是成竹在胸，可是没有想到，这回皇上给他出了个难题。

行过君臣大礼之后，皇上给纪晓岚赐坐，然后捻着胡须说道：

"纪爱卿，朕来问你，江南山水，秀甲天下，你可否想去游览一番？"

纪晓岚一时不知皇上为何说出此话，以为乾隆要放他外任，赶忙顺其意答道："如蒙皇上垂爱，微臣愿意供任江南。"

那年吏部授任纪晓岚为贵州都匀知府，因他文才出众，乾隆把他留下了、没有舍得让他赴任，改授亲察一等。但时过不久，出了泄露查盐机密一案，被贬到新疆效力三年，吃了不少苦头。这次，圣上又有什么想法，纪晓岚不得而知。

不想乾隆皇帝笑了起来，口中说道："朕怎么舍得让你离开朕躬呢，只是看你对江南有否向往之意。"

"臣确是向往多时。不过，臣蒙圣上垂爱，受命篡修四库，恭谨勤奋，惟恐有负圣恩，没有心思去游历江南。"

"那么朕来问你，江南如此迷人，朕是否该去江南一游？"

纪晓岚忽然明白了，是皇上又萌生了巡游江南的念头。

晓岚心想，皇上曾经五次去了江南，给国中政事的掌理，造成诸多不便。再说耗费巨大，有损国力。更何况皇上已是年近七旬的老人了，惟恐他经不起旅途的颠簸。忠心事君，就要直言敢谏。于是，纪晓岚委婉地阻谏说：

"吾皇万岁，容臣细禀，圣上政躬勤慎，国运昌盛，万民祝福。虽是七旬高龄，仍不惮劳瘁，巡视疆土，查勘民情，剔除弊政，英明治国，使日月增辉，山河添色，历代君王，莫能相比，圣体康健，万庶同颂，乃万民之福。乞望龙体珍重，国泰民安。臣恭颂吾皇万岁！万万岁！"

乾隆听了，脸上略有不悦之色，说道："朕思虑已久，主意已定。只是耽心一帮老臣阻拦，不好驳他们的面子，特召你来，斟酌一下，讲出让人心悦诚服的理由，让那些老臣们无话可讲。"

乾隆皇上是既要顺利地六下江南又要让朝中大臣心悦诚服，没有话说，这是其本意。

本来，乾隆是一国之君，说一不二，臣属们怎会管得了皇上的事？

不过乾隆在封建帝王中，还算是较为开明的君主，常以从谏如流自我标榜，致使忠心报国的大臣们，直言敢谏，出现了像刘统勋、裘日修、陈大绶等敢于冒死直谏的一代忠臣，为乾隆朝的政治清明，做出了卓越贡献。

这时刘统勋已经去世，但由他开创的直谏之风尚存。

皇上想第六次下江南巡游，也不得不考虑大臣们的劝谏。所以将纪晓岚召进宫来，密议两全其美之策，既能顺利南下，又能免去大臣们的阻谏，君臣的面子谁的也不伤着。

纪晓岚心里清楚：皇上出行，非同寻常。不但耗费大量的财富。给地方百姓增加负担，而且给国家政务造成许多不便，同时也让地方官员穷于应付，苦不堪言。

但此刻皇上要他出个主意，要他一同来愚弄那些忠正的大臣。此事一旦传闻出去，他将受到全国上下的嘘声，留下千古骂名。甚至可能在朝中文武的死谏之下，皇上也众愿难违，不好应付。

到那时，皇上若为平息大臣们的怨气，翻脸不认人，给他定个"妖言惑君"之罪，推出去当了替罪羊，丢官革爵不说，搞不好会身首异处，株连子孙。那么，他是有苦也无处诉说。

想到这里，他有点不寒而栗了。

这个计谋，是献还是不献？纪晓岚犹豫起来，一时拿不定主意。

"纪爱卿，你为何不回朕的话？"乾隆看纪晓岚只顾思索，又追问道。

"万岁容禀：是纪晓岚该死，方才听圣上说起江南，臣便魂不守舍，心飞到江南了。"

"呵呵呵……"乾隆捻着胡须笑起来，"朕又没说让你去江南，你发得什么呆？快快与朕说来，朕当如何向大臣们言明此事？"

"这，"纪晓岚语塞，赶忙跪在地上，继续奏说，"关于这圣驾南巡一事，非同一般。恭请圣上宽限两日，容纪某细细思考之后，再奏闻圣上。纪晓岚愚钝不敏，请圣上恕罪。"

乾隆听后，若有所思地点点头，又说："好吧，你且退下，两日后进宫奏来。"

这也确实难怪纪晓岚，连皇上自己都难决断的事，纪晓岚怎敢轻易开口。乾隆好像看出他的苦衷，也没有难为他，让他回家思索。

纪晓岚回到家中，一时坐立不安。

皇上对他如此器重，他不能不为皇上出谋献策。然而，事关重要，作为人臣，需要万分谨慎。此时此刻，皇上历次南巡的传闻，不停地在他的脑海中涌动起来：

皇上五次南巡，或是称奉皇太后出游，查阅海塘；或是称带皇子巡视，考察吏治，都是堂堂正正的理由。尽管如此，每次启驾南巡之前，都有忠正勇敢的大臣出来劝谏。这也难怪那些大臣的劝阻，因乾隆到了江南，除了尽兴地游山玩水，还临幸了众多的江南佳丽。

那些地方官绅、富商大贾，为了迎合皇上，讨取乾隆的欢欣，竞相营造园林，作为皇上驻跸之所。到处物色美女，教以琴棋书画，歌舞笙箫，个个色艺双绝。皇上久居深宫，所见的都是北地美女，一旦见南国娇娃，更喜其温柔玉肌，婉转娇喉。

每次临幸，都痛快淋漓，真想脱去龙袍，居留江南，专注地享受那花间柳巷的快乐！

如今，皇上又要南巡，并要纪晓岚出主意，纪晓岚怎会不胆战心惊？

但转念一想，皇上已经年近古稀了，已没有当初的精力，那些风流兴致自当减去不少。又看皇上南巡的心情，是那样的迫切，不像是为了巡幸江南女子，肯定另有缘由。

纪晓岚苦苦思索，终于理出个头绪，既然皇上去意已决，那谁也拦不住。但要给皇上寻个名正言顺的理由，确也不容易。

第二天，纪晓岚仍在苦苦思索，适有一名友人来访，向他说起一件事：

明代皇陵的一座楠木殿被拆了，这些木料要充备清东陵建殿之用。因为这时期楠木实在不好采伐，像明皇陵中所用的那样粗大的，更是国内难寻。于是这些木料都运到遵化去了。

纪晓岚闻知此事，先是一惊，《大清律例》明文规定盗掘陵墓者属要犯，是要发配充军的。如此乱来，那皇家不是自乱朝纲吗？

越思越想，对此事越反感。但这事必定是奉了圣谕的，否则谁有这个胆量？

纪晓岚便也无可奈何。他想，近几年来，盗墓之风越刮越大，许多古墓被人盗掘，各级官署也屡屡发出告示，明令禁止，但一点儿也不见效果，确成了屡禁不止。盗墓人往往和官方勾结。所以得到官府的纵容庇护。

有些封疆大吏将盗墓人献来的珍宝，或匿为己有，或献入朝庭，谄媚皇上。

皇上怎能不清楚这些珍宝的来历？但见其中许多物品，是稀世珍宝，也就不去追问，任其进献。于是各地的盗墓案件，屡屡发生，现在可好，朝廷也动了手，拆掉了明皇陵的大殿。纪晓岚不由得叹惜起来，继而想要进朝劝谏，但又想这是万万使不得的，皇上一旦不高兴，岂不惹来大祸？

"有了！"

纪晓岚心里一动，"我何不就这样劝谏皇上！"

纪晓岚主意已定，便在第三天早朝之后留了下来单独见乾隆帝。

乾隆帝见了纪晓岚，开口问道："纪爱卿，朕前日所命之事，你可曾想好了？"

"回皇上，微臣该死，想了两日，仍无万全之策，虽有一个主意，却不知是否妥当，请圣上圣裁！"

纪晓岚站在下面，毕恭毕敬地说着。

"你说出来看。"乾隆催促说。

"吾皇万岁，乃圣明天子，自登基以来，文治武功，皆胜往昔。天下承平，万民安乐，皆承圣上隆恩。今万岁年事已高，似思御临江南，视察海疆，巡检吏政，政躬劳瘁，国运昌盛，臣下感戴圣恩，乞望龙体康健，圣上果欲南巡，当有特别缘由才好。"

说了一大通，仍未转到正题上，乾隆有些不耐烦了，说道：

"纪爱卿，别绕弯子啦，照直奏上来吧！"

"圣上所命之事，臣已写成奏折，恭请御览！"

说着，纪晓岚将事先写好的奏折跪着举过头顶。

侍卫接过奏折，送给乾隆，乾隆将奏折放在御案上，脸上挂着微笑。

展开看时，上面根本没提南巡的事，开始盛赞大清国纲纪严明，定国安邦，恭颂圣上是圣明君主，接下来写盗墓案迭起，屡禁不止，奏请朝廷严令地方官府，禁绝盗墓之风。

再往下看，竟然指责拆毁明陵园寝的殿堂，疏请追查案首，严明法纪，教化万民。奏折义正辞严，言语激烈，全然不像纪晓岚往常的奏疏。

乾隆看着，脸色由红转白，由白转青，"啪"地一声响，奏折摔在了书案上，龙颜大怒。"大胆佞臣！朕对你悉心栽培，着意提拔，委以重任，你竟敢胆大包天，无视朕躬，肆意攻忤。大胆纪晓岚，你长了几个脑袋？"

"圣上息怒，纪晓岚罪该万死！只是臣所奏一折，是受了万岁旨意，才敢如此行事。微臣屡蒙圣上垂怜，万死不敢有辱圣上。恭请圣上明察！"

纪晓岚跪在地上，声调有些发颤。

"大胆纪昀，朕何曾命你奏上这等胡言！来人！将纪晓岚拉下去，乱棍打死！"乾隆显得很激动。

纪晓岚眼看死到临头，跪在地上，哭喊起来。

"万岁爷，为臣冤枉啊！臣纵有死罪，恭请圣上开恩，容臣禀完口中之言，再死不迟啊！万岁爷容禀啊……"

"你还有什么话要说？"乾隆看着纪晓岚哭得可怜，突然间动了恻隐之心。

"万岁爷，微臣想圣上御驾江南，当有特殊因由，方能免去朝臣议论阻谏，才敢冒死呈奏此折。"

"拆掉明陵殿堂，与朕南巡之事有何相干！"乾隆显得平静了许多，但仍然带着怒气。

纪晓岚见皇上已无意将他处死，便镇定下来，跪在地上奏道："万岁息怒，容臣细禀。""普天之下，莫非王土；疆土之上，莫非圣朝所有。拆殿修陵，乃国之所需，臣本知无可参奏。但《大清律例》是立国纲纪，不容违犯。

人偷鸡盗牛，皆定处罚；盗墓毁陵更应从严惩治。今域内盗墓之风肆虐，如不及时刹住，无数的古墓，将被盗掘一空。其中的财宝古物，将遍匿于民间，朝廷所收，万不及一，让人岂不痛惜！

我主圣明，广开言路，从谏如流，臣斗胆直言，上奏陈情，乃为臣之本分，明知国利受损，而又默不陈言，才是罪该万死！况且万岁谕命，为臣当为圣上巡幸江南表奏，臣不敢有辱圣命，正是为此事上奏。"

纪晓岚的陈词，乾隆皇上听着在理，怒气已消去许多。但纪晓岚的最后几句话，倒把皇上说糊涂了。他不明白，拆陵与南巡，有哪里相干？

乾隆这才想起是纪晓岚有话没有直说，朕何不问他个明白？于是问道："这拆殿与南巡，本毫无干系，为何一张奏表，即称回复圣命？你给朕说个清楚！"

纪晓岚说道："纪晓岚该死。为臣说出来，圣上不会生气？"

"朕怎么会生你的气呢？"

"那么，臣就说了？"

"直说无妨！"

纪晓岚哪敢直说，又向皇上问道：

"主上圣明，微臣恭请皇上明示，按大清律条，盗鸡者何罪？"

"罚银一两。"乾隆说。

"盗牛者何罪？"

"罚银五十两！"

"杀人者？"

"偿命啊！"

"盗陵掘墓者何罪？"

"充军三年。"

"那么，圣朝兴修陵寝，拆用明陵木料，与盗陵掘墓者何异？其主谋岂不该充军发配？"

"这，主谋所指何人？"

"圣上既不降罪于臣，臣就直说了？"

"你尽管说来！"

"主谋就是万岁爷呀！"

"这话就无道理了。朕既无拆陵毁殿，又无诏命谁人为之，怎会成了主谋呢？"乾隆这回倒没生气，摆出一副若无其事的样子。

"我主圣明，容臣细禀。治军不严，将之错也；治国不兴，君之过也，此乃古人之训，圣上如何不晓？今圣上虽无诏命何人毁陵拆殿，

驾前苦乐心自知

但纲纪不整，法网不张，听之任之，也是责无旁贷啊！

当年，唐太宗李世民，曾制定了法律，但因有人进入他母亲的墓地放羊，李世民便欲定这个牧羊人的死罪。魏徵谏道：'国家大法乃为天下而设，非为一人而设，今陛下以己之私，而坏天下大法，臣窃以为不可'。唐太宗听了魏徵的劝谏，仅依法罚钱五百文。由于李世民带头执行，因而天下大治。

今吾皇万岁，乃一代明主，当思治国之道。如君臣庶民同守纲常，共遵法纪，君为民首，率先自责，那国中盗墓之风，即可禁绝。江南以秀美之地，吾主南巡不就顺理成章，无人阻谏了吗？"

"啊………"乾隆完全明白了，"好个纪晓岚，你想把朕'发配'到江南！"

"纪晓岚万死不敢！"纪晓岚回答。

"那么，谁敢'发配'朕躬？"

"皇太后在时，皇上恭奉备至，实为臣民楷模。今皇太妃玉体康健，皇太妃的懿旨，皇上也可听得！"

"噢！你是要皇太妃传旨！"乾隆这才大梦方醒。

这样一来，皇上彻巡江南，岂不成了"发配"江南，这等国家大事，大臣们谁敢劝阻？纪晓岚出这个主意，即可免去了朝中臣僚们的议论责怪，不用担心罪名。与此同时，又可煞一煞盗墓之风，这不是三全其美吗？纪晓岚的馊主意，确有它的绝妙之处。

乾隆高兴地让纪晓岚退下，然后亲自到了皇太妃的住处将去下江南的打算，悄悄说出，又亮出纪晓岚的折片，请皇太妃过目。然后口中说道："王子犯法，与庶民同罪，皇帝为万民之表率，自当发配江南，以正视听，请皇太妃降下懿旨。"

皇太妃心想，这岂不是笑话，犹豫再三，终于还是同意了皇上的请求。

乾隆召集群臣，诏令全国各地，对古代陵墓，严加保护。然后，由司礼官宣读皇太妃的懿旨，"将皇上发配江南！"。

　　于是，乾隆第六次下江南，堂而皇之的顺利成行，朝中大臣没有一个人敢出面谏阻。

空前绝后的禅位

乾隆六十年，早就对禅位做过预言的乾隆皇帝真的要面对这一现实了，朝中各部也都在分头做禅位的准备。

九月初三日，乾隆对传位大典的仪式一一作了具体安排，命军机大臣草拟了有关文件，决定于明年正月元日举行大典，大典一应体式程序由礼部拟制，录奏圣裁。

在清朝，内禅之礼过去还没有举行过。纪晓岚作为礼官之长，领着一班人翻阅查看了历代所有的内禅程式，但苦于与这次内禅的实际意义不同，因而不便援引，最后他只好斟酌综合历代先例，援引借鉴，历时三个月才拟写出来。

这也是才思敏捷的纪晓岚交卷时间最长的一份答卷。

乾隆皇帝见仪式安排得隆重、威严，很有气势，非常高兴，朱批照行。

在制定大典礼仪程序过程中，纪晓岚无疑起了主要的作用。因为他是礼部尚书，又博通古今，有这方面的优势。

王昶说纪晓岚："逮为礼官之长，遇乾隆皇帝内禅之礼。进册授宝之礼之所未备，礼臣参稽经训，综以会典，斟酌进呈，次第举行，亦君所拟定者为多。"此说应非虚语。

"太上皇"一称是由中国历史上确定"皇帝"名号的秦始皇首创的，他追尊自己的"父亲"庄襄王为太上皇。那是死后的追赠，自然不足与乾隆皇帝比拟。汉高祖刘邦虽然尊称父亲太公为太上皇，那不过是做儿子的施给其父的荣光。至于后来唐高祖因太宗兄弟阋墙，唐睿宗怵于武德殿鉴，唐玄宗仓皇入蜀，他们都是为其子所逼，不得不放弃帝位，作一个毫无实权的太上皇而已。

宋高宗则外惕强邻，内耽逸豫，则更不足挂齿。

三代以下如此，那么，远古时期的禅让呢？乾隆帝心里也不以为然。唐尧、虞舜禅授贤能固然足称盛事，但授受者，并不是一家父子，只能称之为"外禅"。

就禅让而言，乾隆帝有充分理由认为，眼前的授受大典，"不特三代以下所未有，以视尧舜，不啻过之。"

的确，清嘉庆元年正月初一日在北京紫禁城内太和殿举行的帝位禅让大典，无论在形式上，还是实质上，都堪称中国古代交接国家最高权力的空前完美的典范。

眼看就到了传位的日子，和珅察觉到嘉庆帝对他不太喜欢，有事常把刘墉、董诰、纪晓岚召去商量，这几个人都是他的死对头。他心中十分不舒服，但转过来想，即使皇上退位当了太上皇，那说话也是算数的，仗着太上皇的势力，新皇上也无奈我何。将来太上皇过世，我就来个辞官不做，颐养天年。

为了不让嘉庆帝立刻执掌大权，他暗暗地怂恿乾隆帝传位不传玺，对嘉庆帝加以限制。

皇上果然听了和珅的话。

元旦这天早朝，举行禅让大礼，宣布乾隆皇帝退位，皇太子颙琰继位，改年号为嘉庆。当宣布授玺时，麻烦出来了，军机大臣和珅站出来宣读乾隆谕旨：

"朕于今日传位于皇太子颙琰，犹思传玺一节乃为最要，特定日后另行庆典。"

这道谕旨一出，整个太和殿乱做一团，乱哄哄的议论声打破了这里往日的威严。刚坐上皇帝御座的颙琰不知如何是好，一时呆呆地愣在那里。

这时听到大臣中一声高喊："安有无大宝之天子？"

声音一出，乱哄哄的太和殿立刻安静下来。人们寻声而法，此人正是内阁大学士刘墉。押班主持礼仪的礼部尚书纪晓岚，看授玺一节没有按他事先起草的授受礼举行，一时也没有了主意，这时看刘墉站了出来，心里才镇静了许多，当即宣布："传玺另行颁礼，与祖制有违，待礼部奏请皇上，传玺一体举行，贺礼暂停。"

太和殿里又乱了起来。

纪晓岚走出太和殿，刘墉紧跟了出来，他俩要一同入宁寿宫觐见太上皇。

见到乾隆，二人一同跪拜，纪晓岚说道："启奏陛下，传玺一节改行颁礼，群臣议论纷扬，言说不合古制，纪晓岚以礼部之责，奏请陛下授玺，陛下英明万古，早做决断，以平文武百官之议。"

乾隆对这早有预料，坐在那里不急不忙，也不讲话。他其实心里清楚，哪有传位不传玺的道理？只是禁不住和珅的窜掇，对执掌了六十年的国玺恋恋不舍，他在前一日写下了谕诏。到今天早晨，心想这样做实在太不合适，心中又犹豫起来。

刘墉、纪晓岚两人跪在地上不起，乾隆帝也不说话。于是刘墉奏道："陛下临御六十载，亲政爱民，国泰民安。今日陛下不能绝系恋王位之心，则传禅可止。但传禅而不与大宝，则天下未闻之，谓陛下何如？蒙请陛下圣裁？"

事已至此，乾隆也十分尴尬：不传位吧，已经不行了；当个逍遥自在的太上皇吧，又舍不得手中的权力；不传大宝，这传禅大典就无法举行下去，也招架不住这帮老臣的劝谏，眼前的刘墉、纪晓岚，是自己宠爱的老臣，急得不要命地力争，再坚持下去，岂不逼得天下大乱？

思虑再三，最后乾隆同意交出玉玺，但同时给嘉庆定下手谕：所有一切奏章，都须送朕阅看，既便是军国大事，也须由嘉庆皇帝去请过太上皇训，才可以执行。

太和殿里早已经等急了，大臣们一看刘墉和纪晓岚真的把大宝从宁寿宫抱了出来，立刻变得鸦雀无声，个个目瞪口呆，只听礼部尚书纪晓岚说道：

"宣太上皇圣旨。"

文武百官立刻跪下听旨："朕原想在禅礼之日，亲手传玺，不料近日欠安，不能亲行颁礼，拟颁礼迟行。又思传位不传大宝，史无前例，特赐传玺之礼一体举行，自今而后，朕不再御太和殿。钦此。"

圣旨宣毕，大臣们立刻欢呼："太上皇万岁，万万岁！"

传禅之礼随之告毕，一场中国历史上鲜为人知的闹剧，就这样拉下了帷幕。

空前绝后的禅让

阅微草堂

纪晓岚在六十六岁时才开始写他第一部笔记《滦阳消夏录》，其后到七十五岁以前，相继完成了《如是我闻》、《槐西杂志》、《姑妄听之》、《滦阳续录》等五部作品，共计二十四卷，总称之为《阅微草堂笔记》

这些作品的内容，鬼、狐、神、怪，无所不谈，其写作目的，一方面是消闲送老，幽默讽世；一方面却是在积极地劝人为善。

清人张维屏所著的《听松庐文钞》中，赞誉纪晓岚是"目逾万卷，胸有千秋"。

同时张氏对纪晓岚一生，除了编纂《四库全书》之外，不另著书，老年只写了一些笔记小说，也有所说明。

他认为这才是晓岚的深心，因为考据、辩论诸书，应有的几乎已经尽有，而且非留心学问的人，多不愿阅读，而搜神、志怪、谈狐、说鬼的书，却是无人不乐意看。所以，纪晓岚以劝戒之方，含箴规之意，托之于小说，而其书易行，出之以诙谐，而其言易入。其称纪氏的笔记乃"觉梦之清钟，迷津之宝筏乎！观者慎勿以小说忽之"。

其实纪晓岚奉命编纂的书，除了《四库全书》之外，尚有《热河志》、《历代职官志》、《河源纪略》、《八旗通志》《济水考》、《高宗实录》等，不过以《四库全书》费时最久，所出的精力也最多就是了。

早年他曾经因为长子汝佶迷上了蒲柳泉的《聊斋志异》，说他误堕其巢臼，沉沦不返，而期期以为不可。可是他自己到了老年，所写的笔记中，竟然也走上了"鬼、狐、神、怪"的路子，而且把汝佶写的杂记六条，也列入了《阅微草堂笔记》之中。

他虽说是为了"以不没其篝灯呵冻之劳"，实际上，显然是由于他晚年观念上有了转变所致。

要读纪晓岚的全部笔记，当然需要花费不少的时间，而且在文词上，由于年代的差距，读起来也未必尽合口味，因此我们不妨选出精彩的片断，作抽样的欣赏，也就可窥全豹了。他在《如是我闻》里，写了一段和鬼打官司的故事，却也是直到三百年后的今天，仍然为是非夹缠不清的问题，他说：

> 有一位医生，也是一位忠厚老实的读书人。
>
> 一天晚上，有一位老太婆带着一副金钗来买堕胎药，医生吓得不得了，拒绝卖给她。
>
> 第二天，老太婆又来了，又加了两副珠花，希望能买到堕胎药。医生怎么也不敢卖，最后竟把老太婆赶出门去了。
>
> 过了半年多，医生忽被牛头马面抓去，说是有人告他杀人罪，他心里想："我救人还来不及呢！哪里杀过人呢？"所以心里也不怕，就一起到了阎王爷那儿。
>
> 只见一个脖子上系了一条红巾，披头散发的女鬼，哭哭啼啼指他半年前拒售堕胎药致她于死。

阅微草堂

医生这才明白是怎么回事，他理直气壮地说："药医活人，岂敢杀人以图利，你自因奸情败露，死活与我何干？"

女鬼反驳说："我乞药时，孕未成形，倘得堕胎，我可不死，是破一无知之血块，而全一待尽之生命也。既不得药，不能不产，以至子遭扼杀，受诸痛苦，我亦见逼而就缢，是你欲全一命，反害两命也，罪不归你，又当归谁？"

阎王爷叹了一口气说："唉！都有理，一个是酌乎时势；一个是所执者理也。宋以来固执一'理'，而不揆事势之利害，受害的岂止你一人吗？这件事我看就算了吧！"

说完，"拍"地一声桌子响，医生又霍然醒来回到人间了。

纪晓岚把医生不敢出售堕胎药，说成是受了宋礼教观念的贻害，把罪过记到了宋儒头上去了。

出现在纪氏笔下的一些小故事，随时星星点点，但是读起来，无不饶有趣味，例如他写一个书生屡试不第，潦倒病死的故事说：

有一书生，屡试不第，以教书糊口，最后倒霉地病了，迷迷糊糊地梦见了阎王殿，遇见一个冥史，原是他以前的朋友，就问："我的病会不会死？"

冥史说：

"君寿未尽而禄尽，恐不久来此。"

"我只是教书糊口，并没有暴殄天物，何以禄尽？"

冥史说：

"就因为你教书，误人子弟，所以透支了禄命啊！"

书生果然不久就死了。死前把这话特别告诉了他的家人。

纪晓岚有三篇作品，被后人收入《清人小说》集，这三篇作品分别是：《囤谷的富翁》、《狼》和《山西商人》，每篇都不满一千字。

《山西商人》是写一个忘恩负义的人，《狼》是写狼的兽性难改，《囤谷的富翁》则是写一个好色的富翁，富而不仁。

这三篇作品以现代人的眼光看，虽然没有脱离说故事的俗套，写法也陈旧，不过可读性却很高。不妨看一下《囤谷的富翁》：

一个做知府官的朋友张墨谷，他告诉我下面的故事：

江西地方有一个富翁，生平只想囤积谷物，却不喜欢金银珠宝，他这样做是有用意的，任凭大力气的强盗，也不容易把整个谷仓都搬走呀！

康熙、雍正年间，一连有好几年田里欠收，谷价飞涨，那富翁吩咐将家里所有的谷仓都严密地关闭起来，不许出卖一升半合的谷，希望谷价继续上涨。

乡下人把他怨恨透了，但谷子在他手里，有什么办法呢？

这件事被一个十六七岁，外号叫"玉面狐"的妓女知道了，她对乡下人说：

"那容易，你们只要准备好了籴米的钱，安心等着就是了。"

他亲自到富翁家，对富翁说：

"我做了老鸨的摇钱树，可恨老鸨还要经常虐待我，昨天为了一件芝麻点大的事，又跟我闹得不可开交，他叫我拿一千两银子赎了身子出去，我呢，不瞒您说，早就厌烦这种不是人过的生活了，一心想盼望一位忠厚的老先生，情愿把终身托给他，我老是想，要在天底下找寻到像您这样的厚道人，真是太困难了！您只花一千两银子，我就可以一天到晚、一年到头来服侍您。我知道您老府上是不喜欢放银子的，那么折算铜钱两千吊也行。

昨天有个做木头生意的先生，打听到有这等便宜的事情，已经兴冲冲地跑回天津去取银子了。估计他来回一次得半个多月，我也实在不愿意跟随这种庸庸碌碌的生意人。

所以，您如果能在十天里面，先付了钱，亲口跟我说定，我是多么感激您的大恩大德呀！

富翁本来颠颠倒倒地在想念这位美丽的幼妓，如今半空中掉下这样意外的好消息，真是又惊又喜。但是眼前要筹措这笔钱倒不容易，只有拿出谷子来公开贱卖。谷仓一开，前来籴米的是人山人海，想要再关也就难了，没有几天，把富翁所有囤积的谷子抢购一空，谷价迅速地平了下来。

谷子卖完的那天，那位妓女却来向富翁道歉。老鸨养了我这么些年了，那天不过一时之间赌气吵骂起来，因此才有和您计议赎身那件事情，现在老鸨非常懊悔，反过来挽留我，从情理上说，我也不能没良心啊！对不起，上次我跟您讲的话，等待将来有机会再来实现吧！"

富翁当时不过跟她两下口头约定，一无媒人，二无凭证，更没有一个铜钱的聘礼，有冤没处诉，只得罢了。

这一个故事，说明了老富翁的贪色，为了美女才肯改变原来意图，而最重要的，还是表达了一个饱经风霜，在痛苦和侮辱中成长的少女，是多么有机智和胆识呢！

以上便是纪晓岚写的"极短篇"小说，妓女的谈话虽嫌冗长，却也是经过一番心理经营的。

就在他开始写《阅微草堂笔记》这一年里，他获得了皇上赐予"紫禁城骑马"的殊荣。

所谓"紫禁城骑马"，是乾隆为了礼遇老臣的名堂，准许年高而功在朝廷的大臣，在紫禁城里乘坐两人抬的小椅子代步上朝。

乾隆五十五年，为此特别下了一道圣谕：

　　"内外文武大臣，特恩赏在紫禁城骑马用资代步，但年老足疾之人，上马亦觉艰难，嗣后已经赏马之大臣，因有疾难于步履者，仍加恩准令乘坐椅，旁缚短木，用两人舁行入直。"纪晓岚素有"神行太保"之誉，年轻时健步如飞，虽然到了六十六，仍然精神旺盛，步履稳健，丝毫不见龙钟老态，所以他每次入朝，既不要骑马，也不需乘轿，照旧迈起两条腿安步当车。"

奉诏千叟宴

纪晓岚生在乾隆间法纪最严的时代，一方面、他努力适应周围环境，尽可能与外在的束缚协调一致；另一方面、他又在圆融中透露出尖锐、在妥协中进行着抗争、在理智中显露出情感。他以一个书生、学者的微薄之力、揭露和抨击世俗的扭曲和丑陋，借以完成文人济世的人生追求，同时排遣内心的郁闷和痛苦，获得良知的安慰。

十八世纪的大清帝国，"千家笑语漏迟迟"，一派盛世气象。

昌盛孕育着颓败，繁华掩藏着衰落，在富丽堂皇、笑语歌声、钟鸣鼎食与金玉装潢中，清王朝的内囊已经腐烂，封建社会末期的黄昏已经悄然逼近。

纪晓岚历尽宦海风波，对于封建末世的潜在危机，自然有敏感地察觉，他冷峭注视现实生活中日益严重危害社会整合的社会问题。

然而，面对乾隆皇帝的盲目自大和专横跋扈，他只能巧做变通甚至委曲求全，内心的痛苦，只能用戏谑滑稽来掩饰。

晓岚在他老年里，虽然闹的诙谐笑话少了，不再像从前那么爱滑稽突梯，以作弄人为乐，变得含蓄多了，然而其内在的本性，仍是未改。

当他的原配夫人马氏先他过世的时候，乾隆曾派特使致祭，并赐予优厚的治丧费用。

事后，晓岚入宫叩谢，乾隆问他：

"汝负海内文豪之誉，且伉俪情笃，可有悼亡佳作？"

晓岚回奏："臣病弱侵寻，文字也颓唐不足登作者之堂，惟六十年结发夫妻，鼓盆之痛，自所难已，故乃抄袭古人陈言，以代心声。"

"古人陈言，所指为何？"乾隆又问。

纪晓岚遂高声朗诵王羲之的"兰亭序"一段，只将头一个"夫"字，改念成了"如"字：

夫人之相，与俯仰一世，或取诸怀抱，晤言一室之内。或因寄所托，放浪形骸之外，虽取舍万殊，静躁不同，当其欣于所遇，暂得于己，快然自足，犹不知老之将至，及其所之既倦，情随事迁，感慨系之矣，向之所欣，俯仰之间，以为陈迹，犹不能不以之兴怀！况修短随化，终期于尽，古人云：死生亦大矣，岂不痛哉！

乾隆听了，竟不禁欣然大笑说：

"影射得幽默可笑，千载之上，王逸少万万想不到他此段文字，居然被你移做成为一篇绝妙的悼妻祭文了，也亏你想得出来！"

现在我们依纪氏意思，再把王羲之的这段《兰亭集序》仔细玩味一下，个中情怀，贴切生动，无以复加，怎能不教人叹服纪晓岚的鬼才？

这一年正是乾隆皇帝的八十大寿，循例又到热河去避寿，巡视木兰围场的出生地，驻跸于万松岭行宫。当他周览行宫内外之后，吩咐扈从的大臣彭芸楣，将宫内旧有楹帖联语，一律换新，待其重九登高日检阅。

彭云楣奉命之后，立即进行，构思写作新联，当时为中秋前一日，距离重九尚有二十多天的时间，他自忖当可以从容完成使命。

但是在他为行殿正中的一联，写出了切合环境事物的上联之后，偏偏写不出满意的下联来，任凭绞尽脑汁也无济于事，他写的上联是：

八十君王，处处十八公，道旁介寿；

"十八公"合成松字，既符"万松岭"环境，又含祝嘏之意，确是不错，不过对不出下联来，使他急得坐立不安。忽然想起京中的纪晓岚来，急忙派遣专差连夜驰赴京城，向晓岚求援。晓岚正在家中写《滦阳消夏录》，闻报热河行宫彭芸楣派来的专差紧急求见。他笑着说：

"莫非芸楣又要考我？"

等他打开来札一看，才晓得是为了一副对联，于是提起笔来，就在原函后面写出了下联：

九重天子，年年重九节，塞上称觞。

于是专差又十万火急地驰返关外热河行宫复命。彭芸楣看了下联之后，叹道：

"晓岚确是胜我一筹！

总算赶在重九前一日，完成了行宫楹联全换新的工作，松了一口气。

第二天，乾隆登高的时候，看了非常高兴，一再称赞不已。

十月回銮京师，乾隆特别为此事颁赐彭芸楣玉玩珍物八件，以示奖赏。

彭芸不敢掠纪晓岚之美，立即跪奏：

"万岁所称赞的行殿正门之联，出句是臣所撰，而不能对，下联实为礼部纪尚书之句，所以臣请圣上准将此八珍移赏纪公。"

"唔！原来是这样。"乾隆笑呵呵地说，"不过上下联都好，你自应领赏，朕再颁一份给纪卿就是了。"

乾隆又检阅了全国朝野呈献的祝寿联句，虽说都是千篇一律的歌功颂德之作，乾隆在位正好五十五年，又是皇室五代同堂，可以说是历代帝王所无，在他七十岁时，即自撰一联云：

> 七旬天子古六帝；
> 五代曾孙予一人。

且值太平盛世，难怪他以此自豪。如今又过了十年，他已八十高龄，在位已超过半个世纪又五年，文治武功，无不足引为荣，可以说得天独厚。

乾隆仔细挑选了很久，发现有一联未署姓名，对仗十分工整，联曰：

> 天数五，地数五，五十五年，五世一堂，共仰一人有庆；
> 春八千，秋八千，八旬八月，八方万国，咸呼万寿无疆。

但是乾隆觉得最好的祝寿联语，仍然是出自纪晓岚的手笔，他写的是：

八千为春，八千为秋，八方向化，八风和庆，圣寿八旬逢八月；

五数合天，五数合地，五世同堂，五福备至，崇朝五十又五年。

同时他另撰一联为：

龙飞五十有五年，庆一人五数合天，五数合地，五谷登，五云现，五事修，五福备，五代同堂，祥开五凤楼前，五色斑烂辉彩帐；

鹤算八旬逢八月，祝万岁八千为寿，八千为秋，八宝进，八恺呈，八面畅，八风和，八方从化，歌舞八鸾队里，八仙会绕咏霓裳。

此联气魄之雄伟，设想之新奇，对仗之工整，实在教人击节赞佩。

纪晓岚在七十二岁，奉诏参与"千叟宴"。

这是出自清圣祖康熙，为了庆祝自己耆寿及在位久长，所举办的扩大宴会。

参加者官民皆有，遍及全国，凡六十五岁以上的男女老人，皆可与宴，一时四野父老群集京师，依年龄多寡，分梯次举行三日，热闹非凡。

这项盛会，一共举行了四次，第一次是在康熙五十二年，第二次是康熙六十年，他登基一个甲子，在中国历史上，除了神话传说中的三皇五帝之外，他开创了空前的纪录，汉武帝宰制天下也不过五十五年。

这一次的"千叟宴"举行时，乾隆只有十二岁，看到四海臣民，云集京城，祝寿迎禧的盛大宴会，欣羡不已，康熙皇帝曾作了一首七言律诗，以志盛况：

> 百里山川积素妍，古稀白发会琼筵；
>
> 还须尚齿勿尊爵，且向长眉拜瑞年；
>
> 莫讶君臣同健壮，愿借亿兆其昌延；
>
> 万机惟我无德息，日暮七旬未歇肩。

所以乾隆到了他自己在位五十年的时候，也大张筵席，第三次举办"千叟宴"，宴请天下耆老，而且规定六十岁以上者即可参加，君臣联吟，作诗唱和，多达三千四百余首。情况比前两次更为隆重热烈。

第四次的"千叟宴"乾隆在位六十年，他已达八十六岁的高龄，决意退位，内禅仁宗，改号嘉庆，在元年元月四日，举行过仁宗登基大典之后，再举行"千叟宴"。

这一次因为考虑参加的人，如果仍照上次六十岁以上即可入宴，则和八九十岁的人在一起，如同儿辈，长幼相差过于悬殊，不太妥当，遂改为七十岁以上始准入宴，宗室、大臣仍照前例为六十岁。

同时规定，官民年过九十者，特准子孙一人扶持入宴，文武大臣，年逾七旬，若有必要，亦可由子孙陪侍。

这一天一大早，各省臣民齐集在午门外等候，乾隆出现接受祝贺，看热闹的人挤得人山人海，聚集了好几万。

接着举行仁宗登基典礼，乾隆和嘉庆二人同时在午门接受欢呼，谒太庙，回乾清宫接受文武百官祝贺。

午时在"畅春园"设宴，款待官民耆老，以示皇恩。参加者除了满汉大臣及兵民老人之外，尚有回部、朝鲜、安南、暹罗、廓尔喀贡使等三千多人与会。

纪晓岚这时候的官衔是兵部尚书，高居首列。乾隆首召一品大臣及九十岁以上老人至御前，亲赐卮酒，奏中和韶乐，行跪受礼。

凡是未能入宴的及龄老人，全国尚有五千多人，除赏诗章外，另赏如意、寿杖、文绮、银牌等物。

乾隆并即席和前韵（康在第二次"千叟宴"中所作之诗）赋诗一首云：

归禅人应词罢妍，新正肇庆合开筵；

便固皇极初临日，重举乾清旧宴年；

教孝教忠惟一笃，曰今曰昨又旬延；

敬天勤政仍勗子，敢谓从兹即歇肩。

其他尚有王公大臣庶民和诗，均收入《钦定千叟宴诗》集中，列为"四库"珍本。

同年十一月，纪晓岚又奉调左部御使，次年再迁礼部尚书，七十六岁的时候，充高宗纯皇帝实录馆副总裁。

后来实录完成之后，奏请叙奖，有人异议，认为过优，嘉庆召纪晓岚入见，征询他的意见。

晓岚未置可否，只回奏说：

"臣服官数十年，无人敢因所求而有馈赠者，惟因为其先人题主或作墓志铭者，虽赠厚礼亦辄受之，以全其孝思也。

嘉庆恍然说：

"然则朕为先帝推恩，何嫌其厚？"

遂照原议批示优叙。

嘉庆七年，壬戌六月，晓岚已年满八十岁。

嘉庆帝命上院卿备了丰盛的赏赐，到纪府贺晓岚的八旬大寿，同时迁任兵部尚书，满朝文武官员也纷纷到府拜贺，热闹空前。

八十岁的纪晓岚，虽已体力衰退，但仍然耳聪目明，行动不须人扶持，而且一天到晚，还是离不了他那根特制的旱烟锅，吞云吐雾，自得其乐。

十月间，尚亲自书写奏折，为"妇女强奸不从，因而被杀者，皆准旌表"。

入冬因受风寒卧病，嘉庆命御医到府调治，对这位国之大老，可以说是爱护备至。

本来晓岚自忖，这次一病，可能不起，乃向家人嘱咐后事，并将他以前作好的一副自挽联，告诉了汝传。

那是他在六十九岁那一年，在圆明园南书房戏语同僚："昔陶靖节自作挽歌，我却为自己作好了一副挽联：

浮沉宦海如鸥鸟；生死书丛似蠹鱼。

我死之后，你们就书此联自挽好了。"

坐在他旁边的刘石庵听了说：

"这上联对你并不太切合，若以此挽陆耳山却很恰当。"想不到他这句话说过三天，就接到了陆耳山的讣闻。可是纪晓岚这次的病并没有死，不久又好起来了。

八十三岁正月，再迁礼部尚书，协办大学士，加太子太保，管国子监事。

奉诏千叟宴

199

千叟宴

魂归故里

乾隆驾崩后，嘉庆即于灵堂上控制了和珅，纪晓岚和刘墉等一干老臣查实了和珅二十条大罪，最终，嘉庆以一条白绫送和珅命归西天。

嘉庆皇帝对纪晓岚十分礼遇，到了嘉庆九年，纪晓岚的次子纪汝传擢升为滇南知州，孙子纪树馨升任刑部陕西司郎中，其他子孙也皆受荫恩。

这年秋天，纪晓岚感觉体力渐不如前。腊月里，因受风寒，在床上躺了三天。这是他自乌鲁木齐回京后，几十年来第一次卧床不起。这让京城的儿孙们吃惊不小，都围拢到他的床前。

午睡前，晓岚做了一梦，梦见行路时遭李戴拦截。醒来回忆起当年李戴死前在狱中喊过的话："到了阴曹地府也要告你三状。"暗自猜测，莫非是自己到了回寿的时候了？于是将三子汝似、四子汝亿和几个孙子唤到床边，对他们说道：

"我以三十一岁入翰林，至今已历五十春秋。领纂《四库全书》时，又得以遍读世间之书，人生之味，可谓知矣。有几句话，你们要牢记在心上。"

说到这里，咳嗽几声，然后缓慢地吟道：

贫莫断书香，

富莫入盐行；

贱莫做奴役，

贵莫贪贿赃。

老爷子停一停，又问道："你们可曾记住？"

在场的儿孙们都含泪应诺。

嘉庆帝得到纪晓岚患病的消息，命御医到纪府调治。这次只是虚惊一场。几天之后，就又能上朝了，不过这时要坐着轿子，是真正的"紫禁城骑马"了。纪晓岚的挚友刘墉，却在这时毕命归天，终天八十五岁，赐谥"文清"。

纪晓岚在刘墉去世的哀思中过了春节，又迎来了一件大喜事：正月十六日，嘉庆皇帝降下谕旨，命以礼部尚书、协办大学士，加太子少保衔，管国子监事。

二月十日，纪晓岚再次病倒在床上。

朱珪来看他时，他拉着朱珪的手说：

"我没有什么病，只是口中涌痰，朱公放心吧！"

二月十四日，纪晓岚昏睡一天，气息微弱。掌灯之后，纪晓岚醒来了，精神异常振奋，两眼放射出明亮的光芒。他对一直在他身边照护他的汝似、汝亿说：

"生死聚散，人世之常情。为父已八十有二，即使长辞人世，也称得上是寿尽天年了，你们不要过于悲痛。丧葬之事，务求节俭。上次卧病，我将要说的话说了。你们要记住，传与子孙后代，我也就放心了。"

汝亿的媳妇看老公爹醒来，赶忙煮来了莲子羹。汝亿接在手中，倚在老父床边，用羹匙一匙一匙地喂给他喝。喝了小半碗，他摇头示意不喝了，咳嗽几声清清嗓子，用低弱的声音缓慢地说道：

"我想了一个对子，你们对对吧！"

不等儿子回答，他就接着吟出一句：

"莲（怜）子心中苦；"

说完闭上了眼睛。

汝似、汝亿看父亲气息奄奄，哪有心思去想父亲出的对联？但又不好违背，就站在一旁不说话，佯作思索。

纪晓岚睁开眼睛，这次说话的声音更低了，几乎听不到：

"何不 …… 对 …… 对，'梨（离）儿 …… 腹 …… 内 …… 酸'。"

说罢，闭上了双目，溘然而逝，无疾而寿终正寝。

一代文宗、风流才子就此结束了他光彩照人的一生。

董浩、刘权之等人，按他生前的愿望，合致一副挽词：

　　浮沉宦海同鸥鸟，
　　生死书丛似蠹鱼。

嘉庆帝闻知噩耗，特派散秩大臣德通带领侍卫十员前来祭奠，赏赐陀罗经被一条，白银五百两治丧，赐谥"文达"。并亲赐祭文追悼。

按照纪晓岚的生前遗嘱，丧事办得异常节俭。随葬的东西，只有一串朝珠共三十八颗，大如婆枣；一顶玉制帽盔和他的印盒、玉蝉等少许物件。

纪晓岚谢世于清嘉庆十年二月十四日，时值春光初至、冬日将退、还寒乍暖之际。念其红红火火、繁繁郁郁，也是凄凄楚楚、风风雨雨、含辛茹苦、惨淡经营的一生，亦真如春波浩渺、秋光潋滟之势矣。

随即放目天日，人们犹觉时光未有流走，往事尚在眼前，皆凝成起伏山峦，涌荡江河；片刻，又是逝水如波，往事如烟。

纪晓岚辞世后，安葬献县崔尔庄西南六里的北村南宝地，占地一百亩，嘉庆皇帝特赐《御制碑文》镌石立于墓前。

"大江东去，浪淘尽，千古风流人物。"